U0906817

大连理工大学管理论丛

个人–组织契合
——双赢目标的实现过程

郭文臣　著

科 学 出 版 社
北　京

内 容 简 介

本书在回顾个人-组织契合理论产生与发展的基础上，针对新形势下个人-组织契合面临的挑战，提出个人-组织职业生涯管理契合概念，开发个人-组织职业生涯管理契合测量工具，构建个人-组织契合的静态和动态模型；实证分析个人-组织契合对职业成功、组织绩效关系及其作用机制；借鉴诱引-贡献理论，站在组织和员工双重视角，运用个人-组织契合理论，从价值观契合、能力契合和需求契合三个层面构建新型雇佣关系模型，证实个人和组织只有相互承诺、相互投入、共同担责，构建和谐的雇佣关系，才能实现员工职业成功与组织绩效提高的"双赢"目标。本书还对个人-组织契合研究的价值、理论视角、质性研究及研究趋势等进行了展望。

本书适用于管理学各专业的研究生、本科生，以及组织发展与人力资源管理领域的学者和企事业单位管理者阅读及参考。

图书在版编目（CIP）数据

个人-组织契合：双赢目标的实现过程 / 郭文臣著. —北京：科学出版社，2018.3

（大连理工大学管理论丛）

ISBN 978-7-03-055218-1

Ⅰ. ①个… Ⅱ. ①郭… Ⅲ. ①企业管理-人力资源管理-研究 Ⅳ. ①F272.92

中国版本图书馆 CIP 数据核字（2017）第 269565 号

责任编辑：王丹妮 / 责任校对：贾伟娟
责任印制：吴兆东 / 封面设计：无极书装

科学出版社 出版

北京东黄城根北街 16 号
邮政编码：100717
http：//www.sciencep.com

北京京华虎彩印刷有限公司 印刷

科学出版社发行 各地新华书店经销

*

2018 年 3 月第 一 版 开本：720 × 1000 1/16
2018 年 3 月第一次印刷 印张：10 1/4
字数：207 000

定价：72.00 元

（如有印装质量问题，我社负责调换）

总　　序

编写一批能够反映大连理工大学管理学科科学研究成果的专著，是几年前的事情了。这是因为大连理工大学作为国内最早开展现代管理教育的高校，早在1980年就在国内率先开展了引进西方现代管理教育的工作，被学界誉为“中国现代管理教育的先驱，中国MBA教育的发祥地，中国管理案例教学法的先锋”。大连理工大学管理教育不仅在人才培养方面取得了丰硕的成果，在科学研究方面同样取得了令同行瞩目的成绩。例如，2010年时的管理学院，获得的科研经费达到2 000万元的水平，获得的国家级项目达到20多项，发表在国家自然科学基金委员会管理科学部的论文达到200篇以上，还有两位数的国际SCI、SSCI论文发表，在国内高校中处于领先地位。在教育部第二轮学科评估中，大连理工大学的管理科学与工程一级学科获得全国第三名的成绩；在教育部第三轮学科评估中，大连理工大学的工商管理一级学科获得全国第八名的成绩。但是，一个非常奇怪的现象是，2000年之前的管理学院公开出版的专著很少，几年下来却只有屈指可数的几部，不仅与兄弟院校距离明显，而且与自身的实力明显不符。

是什么原因导致这一现象的发生呢？在更多的管理学家看来，论文才是科学研究成果最直接、最有显示度的工作，而且论文时效性更强、含金量也更高，因此出现了不重视专著也不重视获奖的现象。无疑，论文是重要的科学研究成果的载体，甚至是最主要的载体，但是，管理作为自然科学与社会科学的交叉成果，其成果的载体存在方式一定会呈现出多元化的特点，其自然科学部分更多的会以论文等成果形态出现，而社会科学部分则既可以以论文的形态呈现，也可以以专著、获奖、咨政建议等形态出现，并且同样会呈现出生机和活力。

2010年，大连理工大学决定组建管理与经济学部，将原管理学院、经济系合并。重组后的管理与经济学部以学科群的方式组建下属单位，设立了管理科学与工程学院、工商管理学院、经济学院以及MBA/EMBA教育中心。重组后的管理与经济学部的自然科学与社会科学交叉的属性更加明显，全面体现学部研究成果的重要载体形式——专著的出版变得必要和紧迫了。本套论丛就是在这个背景下产生的。

本套论丛的出版主要考虑了以下几个因素：第一是先进性。要将学部教师的最新科学研究成果反映在专著中，目的是更好地传播教师最新的科学研究成果，为推进管理与经济学科的学术繁荣做贡献。第二是广泛性。管理与经济学部下设的实体科研机构有12个，分布在与国际主流接轨的各个领域，所以专著的选题具有广泛性。第三是纳入学术成果考评之中。我们认为，既然学术专著是科研成果的展示，本身就具有很强的学术性，属于科学研究成果，有必要将其纳入科学研究成果的考评之中，而这本身也必然会调动广大教师的积极性。第四是选题的自由探索性。我们认为，管理与经济学科在中国得到了迅速的发展，各种具有中国情境的理论与现实问题众多，可以研究和解决的现实问题也非常多，在这个方面，重要的是发动科学家按照自由探索的精神，自己寻找选题，自己开展科学研究并进而形成科学研究的成果，这样的一种机制一定会使得广大教师遵循科学探索精神，撰写出一批对于推动中国经济社会发展起到积极促进作用的专著。

本套论丛的出版得到了科学出版社的大力支持和帮助。经管分社马跃社长作为论丛的负责人，在选题的确定和出版发行等方面给予了自始至终的关心，帮助学部解决出版过程中的困难和问题。特别感谢学部的同行在论丛出版过程中表现出的极大热情，没有大家的支持，这套论丛的出版不可能如此顺利。

大连理工大学管理与经济学部

2014 年 3 月

目　录

第1章　个人-组织契合：产生与发展

1.1　个人-组织契合理论的产生

1.1.1　个人-组织契合产生的理论基础

个人-组织契合理论源自互动心理学观点（Chatman，1991），该理论考虑了个人和环境的特征如何结合起来影响焦点个体在给定环境中的反应。个人-组织契合的理论基础是 Lewin（1951）提出的人与环境互动理论。传统的心理学研究仅单方面地考察人的心理或行为，对个体之外的情境变量则予以阻隔或控制（张志学，2010），但将这种范式置于组织行为学则存在很大问题。例如，组织研究发现，员工的工作态度和行为不仅受其自身人格、知识技能等的影响，个人与周围环境的交流、摩擦或协调都会影响到其行为表现（Ashforth et al.，2007）。因此，各种契合理论在这种情况下应运而生。

1. 个人-环境契合

1）个人-环境契合的含义与类型

个人-环境契合（person-environment fit，P-E Fit）是组织行为学的核心概念，个人-环境契合理论为理解组织中的行为提供了一个基本框架。一般而言，个人-环境契合指个人和环境的一致性、匹配或相似性（Edwards，2008）。

个人-环境契合理论认为，行为（behavior）是人与环境的函数，即 $B = f(P, E)$。不论是个人特质还是环境特征，都不能单独解释人的行为和态度的差异，而人与环境的交互作用能够最大限度地解释这种差异，即若个人特质与所在的环境特性相符，则会产生较为正面的作用，这些好的作用进而引发正向的态度与行为。在这样的框架下，个人的组织行为被假设为是个人和组织之间互动的结果。这里的环境包括职业、工作、上级、群体、组织等各个层面，分别对应着不同的契合构念。

个人-环境契合的具体类型会涉及个人的需要与环境所提供的奖励（Dawis and Lofquist，1984），个人的能力和环境的需要（Shirom，1982），以及个人与社会环境之间的相似性，包括群体、组织，也包括职业（Chatman，1989）。

个人-环境契合包括个人-工作契合（person-job fit，P-J Fit）、个人-群体契合（person-group fit，P-G Fit）、个人-职业契合（person-vocation fit，P-V Fit）和个人-

组织契合（person-organization fit，P-O Fit）（Jansen and Kristof-Brown，2006）。个人-工作契合反映了个人工作能力与工作岗位需要的匹配（Kristof，1996），由此，传统工作分析的重点在于个人-工作契合，强调工作任务要求一个人所具备的技术、知识和能力（Werbel and Johnson，2001），这种内涵基于的是互补性原理（Cable and Edwards，2004）。个人-群体契合也被称为个人-团队契合，反映的是员工个人的技能和人际关系能力与团队组织所需的兼容性。个人在团队中扮演着团队成员的角色：一方面，团队精神要求个人与团队的价值观要一致（Kristof，1996），这也是遵循了一致性原理；另一方面，团队的任务完成通常要求成员在能力上的异质性和互补性，因此，除了价值观的一致性以外，个人和工作团队之间也存在成员之间的互补性问题（Werbel and Johnson，2001）。在职业选择上，职业本身也有其特性，个人-职业契合是指个人的自我认知与职业特性的一致性（Kristof，1996），主要是基于个人的职业选择，侧重于关注个人特质与所从事的职业相匹配的职业选择及其后果。个人-组织契合是将企业文化和氛围引入个人-环境契合所产生的概念（Edwards，2008），学者们提出了价值观契合、目标契合、个性契合、一致性契合、互补性契合等。

如图 1.1 所示，Jansen 和 Kristof-Brown（2006）在个人与四种环境的契合上，也存在环环相扣的关系，其中，具体的工作距离员工最近，员工通过在团队中工作并为组织做出贡献，进而取得自我的职业成功（Erdogan et al.，2004）。根据这个系统，个人-环境契合要求个人要具备一定的工作能力与团队和组织等工作环境相一致的价值观，以及对待自己和职业的客观及合理的认识。德鲁克曾说：成果只存在于外部，即个体的成果是基于其对于外部的贡献。基于此，个人的成果存在于工作、群体、组织、职业等外部环境当中，个人对于这些环境的贡献决定了个人

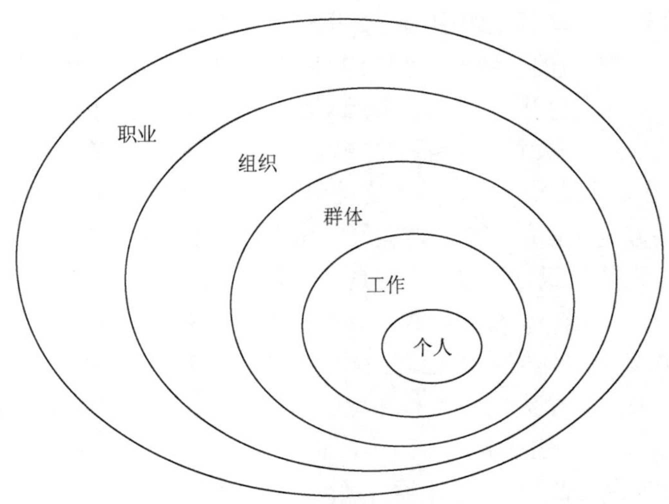

图 1.1　个人-环境契合概念

的成就大小。在个人与环境的互动关系上，当环境不以个人的意志为转移，同时个人又无法改变自己的环境时，要实现个人与环境的契合，依靠的是个人对于自我的调整。

2）个人-职业契合理论

个人-职业契合理论认为人的个性结构存在差异，人们要根据自己的个性特点找到自己适合的职业，以达到个人-职业契合的目的。

（1）特质因素理论。最早的个人-职业契合理论是 Parsons（1909）提出特质因素理论（trait-factor theory），又称“个人-职业契合”。该理论强调：人与职业相契合是职业选择的焦点，每个人都有自己独特的人格模式，每种人格模式的个人都有其相适应的职业类型。职业需求与个人特长的匹配是职业选择的基础，要在清楚认识、了解个人的主观条件和社会职业岗位需求条件的基础上，将主观与客观条件与社会职业岗位对照，进行“因素匹配”或“特质匹配”，最后选择一种职业需求与个人特长匹配相当的职业。“因素”是指在工作上要取得成功所必需具备的条件或资格。“特质”是指个人的人格特征，包括能力倾向、兴趣、价值观和人格等。人们可以通过心理测验认识到自己的个性，并通过观察、问卷、个案分析等工作分析方法了解各职业对人们能力的要求，最终找到最适合自己的职业。具体如何达到这个目的，他提出了六个步骤：分析、综合、诊断、预测、咨询和重复。但是这个理论过于简单，而目前的心理测量和工作分析技术并不能精准测量出人们的个性与职业的要求，因此，Holland（1985）提出的人职匹配理论渐渐成为主流。

（2）Holland 的人职匹配理论。美国约翰·霍普金斯大学心理学教授 Holland（1985）将个性按职业归纳为六种类型并描述了与这六种类型相适应的职业：现实型的人适合有规则和需要技能的行业；研究型的人喜欢需要智力的、独立的工作，适合成为科研人员；艺术型的人喜欢有想象力、创造性的工作；社会型的人适合需要社交的工作；企业型的人适合管理和销售类工作；传统型的人喜欢系统的、有条理的工作。Holland（1985）认为，个人可以通过努力适应其他职业类型，因此，职业的选择主要是由人的典型人格决定的。Holland（1985）的人职匹配理论已经对职业指导产生了长远影响。

（3）Schein 的职业锚理论。职业锚理论是由美国著名的心理学家、职业心理学家 Schein 教授提出的（Schein，1975）。该理论认为随着个体职业生涯的演进，个体对于自身的职业态度、价值观、职业目标、职业动机、需要、职业技能等与职业有关的自我认知会越来越清楚，这样就会形成自己的职业生涯主线和主导价值取向。所谓职业锚（career anchor），就是指当一个人不得不做出职业选择时，无论如何都不会放弃的职业的价值观等。Schein 提出了五种类型的职业锚：技术/职能能力型、管理能力型、安全/稳定型、创造型和自主/独立型。职业锚能准确反映个人职业需要及其追求的职业工作环境，能帮助人找到适合自己的职业种类和领域，认识自己的抱负模式，确定自己的职业成功标准。

3）ASA 模型

在个人-环境契合理论中，Schneider（1987）的“吸引-选拔-磨合”（attraction-selection-attrition，ASA）模型也是经典的理论之一。

相比个人-职业契合理论，ASA 模型是一种更为动态、互动程度更高的契合模型。这个模型认为人在组织中不是偶然随机分布的，组织中的员工都是被组织吸引、选择和留用的人，他们会评估组织的目标、结构和文化等因素与自己的态度、价值观等是否符合。该模型的基本假设是人们总是倾向于选择在组织发展目标上与个人特点相适合的组织，以有利于自身的职业发展。

员工与组织间的吸引、选拔、磨合这三个相互关联的动态过程是理解员工行为及组织运作的关键。具体如图 1.2 所示，在吸引过程中，潜在的员工对其自身与组织的匹配状况进行评估，并对特定的组织产生偏好；之后，组织通过各种甄选程序使留下的员工符合组织的期望与要求；如果应聘成功的员工与组织经过一段时间的磨合后实现了高水平的匹配，则会留下，否则将离开。在“吸引-选拔-磨合”的循环往复中，组织内成员的同质性不断提高。而更为重要的是，同质的员工类型又构成了日渐明晰的组织环境特征，形成某种组织氛围，这种氛围特征会反过来影响员工的行为，决定员工的去留（Schneider，1987）。

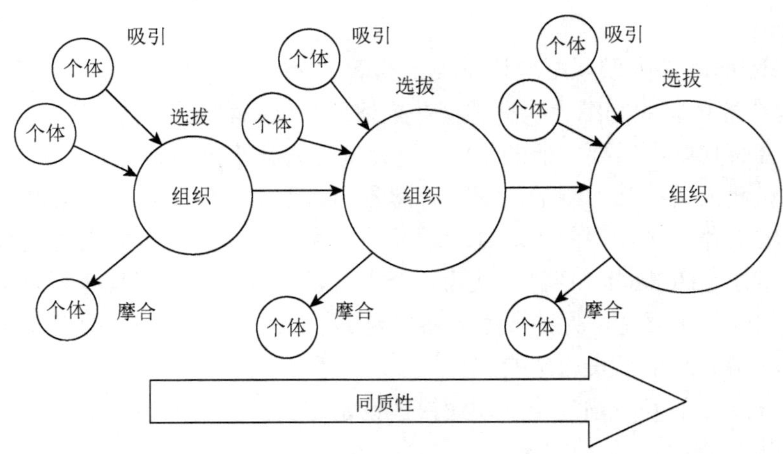

图 1.2　Schneider 的 ASA 模型

ASA 模式是一致性匹配概念的延伸，其内涵强调人是塑造组织特征的主要因素，个体选择进入或离开组织主要以人的因素为主。因此，强调个人与组织中相似性的重要性，并指出目标与组织中的其他人具有共识的个体比较容易适应新的组织，而 ASA 模式的运作更强化组织原本的特性。然而不具共识者，经由组织的淘汰及个人的不适应自然会离开组织。组织和个体成员都在相互寻求平衡，而留下来的便是和组织可以相辅相成的人。该模型生动展现了员工与组织环境的相互作用及整个互动过程，也提醒人们要从个体和组织两方面去关注个人-组织契合的效果。

2. 价值观-行为理论

1）价值观概念

价值观（values）是价值的表达形式。价值观是人们关于事物重要性的观念，是依据客体对于主体的重要性对客体进行价值评判和选择的标准（金盛华等，2009）。价值取向（value orientation）是人们对特定事物所采取的价值观，它是与具体事物和情境相关联的，是人们价值选择的反映（金盛华和张杰，1995）。金盛华和张杰（1995）系统研究了中国人的价值观结构，提出当代中国人价值观是一个八因素整体结构，具体构成因素分别为品格自律、才能务实、公共利益、人伦情感、名望成就、家庭本位、守法从众、金钱权力。

2）价值观-行为理论内涵

（1）假设-价值观-行为层次理论。Schein（1984，1990）构建了“假设-价值观-行为层次理论”。该理论认为价值观对于个体行为具有驱动或者管理作用。个体和组织的外在表现均来自价值观的驱动，其中，层次理论当中的价值观指的是个体所具备的有意识的价值观，直接作用于个体的行为，层次理论当中的假设指的是个体所具备的潜意识的价值观，体现在个体对于若干基本问题的潜意识的、理所应当的判断。

假设-价值观-行为层次理论为个人-组织契合理论提供了基础。行为是外在的表现，价值观是内在的动力，价值观影响行为，这奠定了因果研究关系的基础。组织要构建什么样的价值观，是基于对于外部环境的适应，以这种价值观驱动的组织行为才能够在环境中得到认可，才是合理的，组织内部的员工也应当一致保持这种合理的价值观和行为（刘祯，2013）。

（2）强化-价值观-行为链条理论。Kunkel（1965）构建的“强化-价值观-行为链条理论”认为，个体实际做出的行为正是基于价值观标准。员工的价值观是基于其过去在组织当中的经验，组织可以通过强化组织的价值观来影响员工的价值观，这种强化的结果是形成组织所期望的员工价值观。

整个理论逻辑应用在实践中表现为：组织先明确组织所期望的和不期望的行为标准是什么，即组织的价值观确立之后，组织通过对于这种价值观标准的强化管理给予员工体验，这种体验进而影响到员工个体的价值观，当组织可以有效地实施管理时，员工个体的价值观就会反映出组织所期望的价值观，基于此，员工所做出的行为便是符合组织期望的行为。这种符合组织期望的员工行为如果能够继续被组织管理所强化，这种员工价值观与组织价值观的一致性就会继续加强，从而实现良性的循环，整个逻辑可以概括为“组织价值观的确立—价值观强化管理—能够体现组织价值观的员工价值观—员工做出符合组织期望的行为”的过程。组织是否能够获得符合其期望的员工行为，正是取决于员工价值观与其价值观的一致程度（刘祯，2013）。

（3）价值观-态度-行为层次理论。Homer 和 Kahle（1988）的“价值观-态度-行为层次理论”认为价值观可以影响行为和态度，相比之下，价值观对于态度的影响比对行为的影响更为显著，存在一个“价值观-态度-行为”的关系链条：价值观影响态度，态度影响行为。这一理论使行为的产生机制更加全面、系统，同时，增加了实践过程中对各部分关键因素的考虑，提高了实践成效的显著性。

1.1.2 个人-组织契合的含义

1. 个人-组织契合内涵

早期的契合观认为人与组织在价值观方面的一致性程度即为双方的契合水平，价值契合是定义个人与组织契合的最常用的方式。Chatman（1989）认为个人和组织可以相互影响彼此的行为，尽管有许多因素可以影响组织和个人的行为，如能力、工作要求、个性、职业，但最基础和具有持续性的影响因素是价值观，因此，个人与组织契合被定义为个人与组织在价值观上的一致性。

在个人与组织契合度的结构方面，Chatman（1989）建立了个人与组织互动作用的理论模型，如图 1.3 所示。他认为组织通过甄选获得与组织价值观及规范相适应的员工，并通过社会化过程令新入职的员工尽快了解组织价值观与规范要求，成为组织的正式成员。而个人通过选择进入与自己价值观相符的组织。在组织与个人

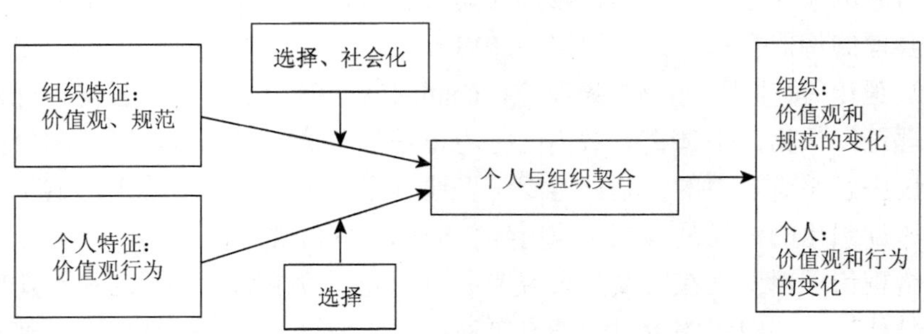

图 1.3 Chatman 的个人和组织契合模型

价值观契合的互动过程中，组织价值观及规范会因个人的影响而发生改变，个人的价值观和行为也会因组织的影响而发生改变。

该模型从个人和组织两个角度分析契合度，更好地反映出两方面的交互影响。价值观契合被认为是个人-组织契合的一个最主要的方面，因为价值观是根本性的、持续性的，并且是指导员工行为的组织文化的重要组成部分。站在个人的角度，个人价值观是指能够指导人们行为模式（做什么和不去做什么）的持续的信仰，是人们调整自我适应环境的一种认知；站在组织的角度，组织价值观是指组织应当做什么及组织中的员工应当如何做的价值判断，除此之外，规范和价值观很接近，因为其规定了组织中的员工应该如何去做，组织的价值观和规范属于组织同一系列的产品。

O'Reilly 等（1991）则把个人与组织的契合度明确定义为个人与组织在价值观上的契合程度。Muchinsky 和 Monahan（1987）在前人研究的基础上对个人-组织契合进行了初步整合，认为契合包含一致性（supplementary）（又称相似性）和互补性（complementary）两种类型。所谓一致性契合，是指个人和组织具有同样的或相匹配的特点；而互补性契合则是指个人和组织能互相满足对方的需要，进一步说，组织的需要能通过其成员卓有成效的工作去实现，反之亦然。Edwards（1991）对互补性契合的内容做出了进一步研究，他认为个人-组织契合是个人需求与组织供给（needs-supplies）及工作要求与个人能力（demands-abilities）的契合。从需要-提供的角度看，当组织满足了个体的需要、意愿或偏好时，个人与组织之间也就实现了契合；而从要求-能力的角度来看，如果个体的能力能很好地满足组织的要求，则在个人与组织之间便实现了契合。

针对个人-组织契合的复杂性，Kristof（1996）在前人研究的基础上提出了一个比较完整的个人-组织契合模型（图 1.4），将契合分为一致性契合和互补性契合两类。一致性契合是指个人能提供或拥有的特征与组织其他人相似，在这里指的是如果组织文化、气氛、价值观、目标、规范等基本特征与个人的个性、价值观、目标、态度等基本特征有相似之处，就能实现个人-组织契合；互补性契合是指个人的特征使组织完整化或提供了组织所缺失的部分。互补性契合分为个人需求与组织供给契合、组织要求与个人能力契合，指的是如果组织提供了员工所需要的财务、物质、心理资源，以及发展的机遇，或者员工在时间、努力、承诺、经验、知识、技能等方面能适合组织的要求，就实现了个人-组织契合。Kristof（1996）将个人-组织契合定义为三种情况下员工与组织的相容性：作为组织成员的个体与组织至少有一方能够为另一方提供它所需要的资源；个体与组织在某些基本特征上拥有相似特征；以上两方面条件均具备。

Cable 和 DeRue（2002）的研究试图将 Kristof（1996）的概念延伸并理清，认为在人与组织契合的概念中，除一致性契合外，互补性契合的概念应再细分成

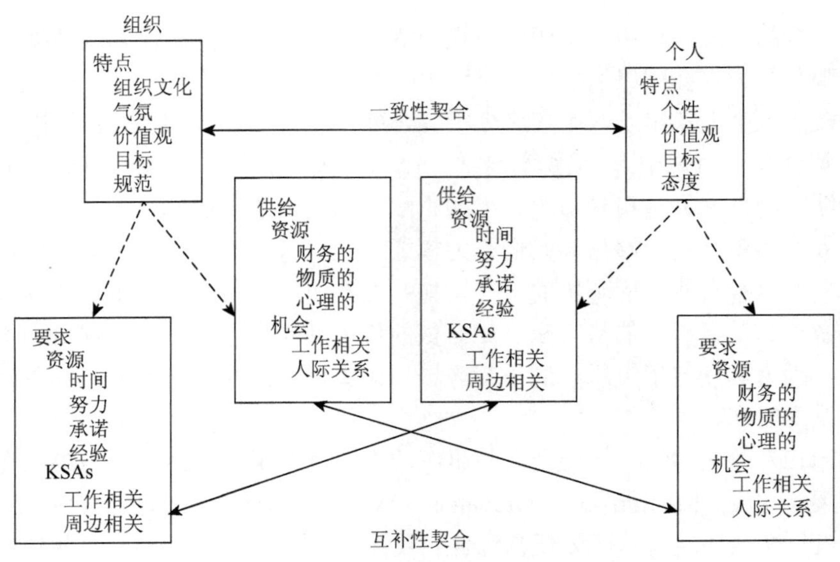

图 1.4　个人-组织契合整合模型

KSAs 意为知识、技能和能力等

两个概念：①组织工作要求与个人能力契合（demands-abilities fit，D-A Fit），即要求-能力契合；②个人需求与组织供给契合（needs-supplies fit，N-S Fit），即需要-供给契合。价值观契合属于一致性契合，是指员工与组织之间价值观的相容性；而需要-供给契合和要求-能力契合从互补性契合的角度，衡量组织的供给与个人的需求、个人能力与和组织的要求互相满足的程度。然而，也有一些学者对此提出了异议，认为互补性契合的外延比需要-供给和要求-能力契合的范围大，不能仅用需要-供给和要求-能力契合来完全取代互补性契合。

国内学者通过实证研究证实了个人与组织契合的三因素契合概念确实优于 Kristof（1996）的两因素契合概念模型（王震和王萍，2009）。

除此之外，也有人提出人格契合、目标契合（Cable and Judge，1997）、个人道德与组织伦理风气契合（Ambrose et al.，2008）。我国学者朱青松和陈维政（2005）提出的组织导向型个人-组织契合就是以目标为内容。

通过文献回顾可以看出，由于学者们的研究重点不同，会对个人-组织契合进行不同的定义，有的只侧重契合的一个方面，有的则对契合概念进行完善和整合。从 Chatman（1989）开创性地将个人-组织契合集中于价值观契合，到 Kristof（1996）提出的个人-组织契合的整合模型，再到 Cable 和 DeRue（2002）提出的价值观契合，需要-供给和要求-能力的个人-组织契合概念框架，综合现有研究，个人-组织契合内容主要包括一致性契合、互补性契合、要求-能力契合、需求-供给契合、价值观契合、目标契合、人格契合、个性契合等多个方面。

关于个人-组织契合的定义存在着一些争议，但学术界运用最多的还是Chatman（1989）的定义：契合多指一致性，而内容也多为价值观。Piasentin和Chapman（2006）整理分析了1985～2006年关于主观的个人与组织匹配的研究文献，包括已经正式出版的论文、会议论文和未发表的学位论文，最终确定了46项相关的研究。在这些研究中，共有36项研究以价值观为基础来进行个人与组织契合的操作性定义。可见，基于价值观进行个人与组织契合测量是最常用的方法之一。

我国学者对个人-组织契合概念的含义也进行了激烈的讨论。唐源鸿等（2010）对个人-组织契合的各个模型进行了回顾，批判了Kristof（1996）的二维模型。唐源鸿等（2010）认为相比于硬性的、短时间发生的、外在的互补性匹配指标，如Kristof（1996）概念构架中个人技能供给与组织岗位需求的匹配，或者组织物质供给与个体薪酬需求的匹配，价值观的一致性匹配是一种弹性的、长时间多次磨合的、内在性的指标。而且这些硬性指标反映出的是个人和组织最深层次的、最为稳定持久的价值理念。因此，该研究以个人-组织契合的互动性和灵活性为导向，将个人-组织契合定义为互动过程中个人和组织价值观的一致性程度，并且指出这种匹配灵活性和双边互动性，是个人-组织契合区别于个人-职业契合和个人-工作契合的特色所在。

2. 个人-组织契合的特点

1）双边互动性

个人-组织契合有着高度的双边互动性，互动化程度比个人-职业契合、个人-工作契合更高。个人-职业契合、个人-工作契合涉及主体-客体互动，如个体适应特定的职业类型或工作任务，或者反过来根据职业、工作特性甄选个体。由于职业和工作是客体范畴的概念，无论怎么互动，这种客体环境的要求、特征不会因为个体的适应、胜任与否而发生改变。但个人-组织契合则不同。因为，组织本身是为实现某种共同目标而凝聚在一起的人的集合体，是一种主体范畴的概念，这样个人-组织契合更为侧重主体-主体间的互动，抑或关注于个人与主观环境（或心理场、气氛）间的匹配，其中既包括个体适应组织、组织甄选个体，还包括个体改变组织［见Schneider（1987）的ASA模型］。也就是说，组织的主观环境、特点会因与个体的互动而发生变化（唐源鸿等，2010）。

2）契合灵活性

个人-组织契合产生的社会背景和现实需求决定其具有匹配上的灵活性。全球经济化意味着现代组织想要生存，就必须对环境变化做出迅速的反应，及时推行内部变革，适应各种紧急情况。又由于组织适应与否主要取决于员工应对组织内外模糊多变刺激的成败，所以还需关注组织内部成员的行为转换速度和弹性。而个人-组织契合就是在这样一种背景和需求下，研究者和管理者所提出的组织和员工共同适应环境不确定性的一条重要解决途径。当组织为了应对动态格局而不断推行员工授权、结构扁平化、程序非正规化等弹性措施时，需要通过个人与组织两个主体价值观的共享来确保双方对同一事物采取相似的知觉方式和行动策略，相互之间能较为准确地理解、预测对方的行为意图，降低或消除彼此在互动过程中的观念冲突和沟通障碍等，进而实现员工在组织内部不同工作岗位、不同具体任务、不同协作团队间的轻松变动，并最终给组织带来收益（Edwards and Cable，2009）。相比之下，唐源鸿等（2010）认为个人-职业契合、个人-工作契合则不具备这种灵活性特征。

个人-组织契合的互动性和灵活性特点是辩证统一的：互动性关注个人与组织间双向的信息交流和影响，灵活性侧重个人和组织均能迅速应对、适应周围变化的环境。一方面，个人与组织在良好的互动中实现彼此间的灵活匹配；另一方面，两个主体的灵活匹配又会反过来推进个人和组织间更为默契地互动。

1.2　个人-组织契合理论的发展

1.2.1　个人-组织契合理论流派

要对个人-组织契合展开研究，那么它的结构就是不可回避的问题。从对个人-组织契合内涵的梳理过程可以看出它本身具有的多元化的特征，因而学者们对个人-组织契合结构的研究存在较大的争议，回顾过去对个人-组织契合的研究，学者们对其内容维度的界定存在一些争议，主要分为一维论、二维论和三维论。

（1）一维论。一维论注重个人与组织的价值观契合，强调二者价值观的一致性契合是个人-组织契合的最基础和最核心的方面，持这种观点的研究者将价值观一致性作为个人-组织契合实际操作的唯一维度。O’Reilly 等（1991）认为如果个人和组织在价值观方面不一致，那么就可以认为个人与组织是不具有一致性的，因此也无法谈及个人与组织的契合。由此学者们把目光集中在了价值观一致性上，并在此基础上对价值观一致性契合展开了深度的研究。朱青松和陈维政（2005）用“价值观实现度”这一价值观契合衡量新指标，以员工价值观实现度和组织价值观实现度两个维度作为组合，得到双高型、双低型、组织导向型和个人导向型四种类型的价值观契合。陈卫旗和王重鸣（2007）则以“灵活性-控制”和“内部取向-外部取向”两个维度组合成人群关系、开放系统、理性目标和内部过程这四种典型的价值取向。他们的共通之处在于都是将价值观契合作为唯一衡量个人-组织契合的标准。

（2）二维论。Scheneider（1987）指出，如果将个人-组织契合等同于个人与组织的一致性那么会使得组织成员缺乏多样性，组织的同质化会非常严重，会造成组织活力的缺失，这将不利于组织适应高度不确定的环境。因此，Muchinsky

和 Monahan（1987）在个人-组织契合的整合模型的基础上，将个人-组织契合分为一致性契合和互补性契合两个维度。一致性契合指的是组织特征与个体特征的相似性；互补性契合是指员工对组织的奉献及组织对员工的激励。Edwards（1991）也认为个人-组织契合是二维结构，但是他将个人-组织契合划分为需要-供给和需求-能力两个维度。前者是当组织给员工提供的物质报酬和精神激励能够满足员工的需求时，则员工与组织之间的契合良好；后者是员工的各种能力能够满足组织的要求时，则员工与组织之间的契合良好。

（3）三维论。三维论又将一致性契合和互补性契合详细划分为价值观契合、需要-供给契合和要求-能力契合三个维度（Cable and DeRue，2002）。Kristof（1996）对一致性契合和互补性契合、需要-供给和需求-能力观点进行了整合。他认为一致性契合只有在个体和组织两个实体间的基本特征相似时才会发生，这里所指的组织特征主要包括组织文化气氛、价值观、目标、规范等方面，其中价值观契合是指员工与组织之间价值观的相容性，个人特征主要包括个性、价值观、目标、态度等。个人和组织在这些方面相似的基础上才可能有互补性契合的存在。个人与组织的互补性契合包括两种情况：一种是需要-供给契合，即组织为个人提供物质和非物质的激励与资源来满足个体在这些方面的需要；另一种是要求-能力契合，即个体通过为组织提供时间、精力，努力用自身的综合能力来满足组织在组织目标这些方面的需求，即互补性契合可衡量个人能力与组织的要求、组织的供给与个人的需求互相满足的程度。然而，也有一些学者对此提出了异议，认为互补性契合的外延比需要-供给和要求-能力契合的范围大，不能仅用需要-供给和要求-能力契合来完全取代互补性契合。

综上所述，研究者从不同视角丰富了个人-组织契合理论的内容，认为员工的工作态度和行为是由他们的个人目标和价值观与他们的工作环境相一致的程度决定的（Edwards and Cable，2009）。当个人和组织在价值观与目标方面共享类似的基本特征时，个人和组织就会契合（Kristof-Brown et al.，2005a）。文献中公认的两种类型的契合分别为一致性契合和互补性契合，当员工和组织都共享相似的基本特征，如价值观和目标时，就会出现一致性契合；当一方可以满足另一方的需求时，就会发生互补性契合。但是对契合性的测量，不同的研究者站在不同的角度采取了不同的方法。这些不同的契合或维度可能会预测员工的工作态度、行为和绩效等结果变量的不同方面。

1.2.2　个人-组织契合影响因素

个人-组织契合的影响因素包括个人、组织、社会文化三方面。

1. 个人因素

个人因素包括个人价值观、个性特征和目标等几个方面。

个人价值观对个人-组织契合有着重要的影响。Chatman（1989）认为个人与组织契合本质是个人价值观与组织价值观之间的契合，价值观契合是个人-组织契合的核心。一致的价值观之所以会对个人-组织契合产生影响，是因为个人更容易被自己相似的人吸引、接纳并信任他们，当价值观相投时，会觉得在这样的组织里工作是一个相当舒服的过程（Cable and Edwards，2004）。个性特征对个人-组织契合也有着重要的影响。Burke 和 Deszca（1982）指出，具有野心、高成就、喜欢挑战竞争需要的个人更加偏爱高绩效标准、高自觉性和有韧性的组织。个体目标与组织目标是否能够达成一致也对个人-组织契合有重要影响。不同的个体都是带着各种目的进入组织的，组织的氛围、提供的薪酬福利、提供的诱因等都是个人选择组织的重要因素。

2. 组织因素

组织因素包括组织社会化和人力资源管理。

组织社会化是指教会新成员如何适应组织、应遵守行为方面的关键性规范及规则是什么，以及如何表现出对组织中他人的尊重，侧重于实现个人在价值观和行动上与组织的一致。Chatman（1991）的实证研究表明招聘和社会化会对个人-组织契合产生重要的影响，并将社会化总结为让个人理解他们作为组织成员所必备的价值观、能力、期望行为和社交知识的过程。在社会化组织中，通过个体与组织的契合及其相关结果变量的关系，可以达到较高层次的个人与组织契合。由此可见，在个人与组织契合过程中，组织社会化起着不可或缺的重要推动作用。

人力资源管理是个人进入组织之后，组织内部管理的重要手段，是影响个人和组织契合的重要因素，有学者通过实践研究发现，如果组织向个人传递组织期望，支持及奖励正面的、积极的信息，个人根据该信息进而做出相应的积极反应，最终加强个人与组织的契合。相反，如果组织给个体传递消极信息，最终会减弱个人与组织的契合。所以，人力资源管理运用得当会促使员工做出积极的反应，促进对组织价值观的认同，最后加强个人与组织的契合程度；反之则会减弱个体与组织的契合程度。

3. 社会文化因素

社会文化因素是影响个人-组织契合的重要因素。中西方传统文化的不同，如中国人上下级之间的情境文化及权力距离的不同，这些都会导致个人-组织契合在中国文化情境中的研究具有特殊的意义。在不同的文化差异影响下，契合度与结果变量的内在关系尤为重要，中国五千多年的传统文化使中国的个人-组织的契合不同于西方社会文化，如果照搬西方个人-组织契合理论就会不太适合，因此，探讨中国社会文化下的个人-组织契合显得尤为重要。

1.2.3 个人-组织契合效用

个人-组织契合对于员工的职业发展和组织发展都具有重要意义，已有大量学者对个人-组织进行了研究，并得出了丰富的理论模型与研究结论（赵慧娟和龙立荣，2008）。有关个人-组织契合的应用研究体现在组织行为学和人力资源管理两个领域，前者偏向于微观的基础性研究，后者则更多地关注宏观的实践指导。

1. 组织行为学方面的效用

在组织行为学方面，相关研究表明，个人-组织契合会对员工态度、员工离职和流动意向、员工工作压力及员工绩效产生影响。

1）员工态度

从国外研究来看，员工与组织的高度契合会导致员工态度上对组织的认同。根据一致性契合的观点，价值观契合是关系到员工的满意感和员工对组织忠诚度的一个决定性因素。Vaucouver 和 Schmitt（1991）对 350 多所中学的教师和校长进行了调查研究，他们发现上级-下属（校长与教师）和下属-下属（教师-其他教师）之间的目标契合与员工的满意感、忠诚度呈显著的正相关。Bretz 和 Judge（1994）从四个方面检验了多种概念化水平的契合对员工工作态度的影响，这四个方面是：价值契合；个体特征和组织形象的统一性；组织的强化系统满足员工需要的水平；个体的 KSAs 满足工作需要的程度。研究结果显示，个人-组织契合直接影响员工对组织的满意感。Kristof-Brown 等（2005b）的研究结果显示，个人-组织契合和工作满意度、组织承诺之间具有强相关性，而和离职倾向之间的相关性较为中等。Deng 等（2011）的研究也发现，个人-组织契合与工作满意度、组织承诺等正相关。

关于个人-组织契合对员工态度变量的影响，我国学者进行了相关研究。魏钧和张德（2006）的研究证实了不同维度上的个人与组织契合度，对组织承诺、工作满意度、组织公民行为、离职意愿均有显著的预测力。王震和王萍（2009）认为个人与组织匹配对员工的组织承诺具有显著的影响。

2）员工离职和流动意向

个人-组织契合对员工的离职倾向也有很好的预测作用，这一点已经在国内外的众多研究中得到了证实。研究表明，上级和下属之间或同事之间在目标上的高水平契合与离职倾向呈负相关；反之，低水平契合的员工表现出较高的离职倾向。O'Reilly 等（1991）所做出的生存率分析研究显示，价值观契合是影响员工流动的一个主要因素，根据对价值观匹配程度所做出的分析，可在两年之内有效地预测员工的离职倾向。Cable 和 DeRue（2002）从三个不同层面考察个人-组织契合与留职意愿的关系，结果发现个体与组织在价值观方面的一致性契合可以有效地降低个体的离职意愿，而工作层面的要求-能力、需要-供给契合则不具备这种效能。我国学者王忠和张琳（2010）的实证研究结果显示，个人-组织契合对员工离职意向有显著负向影响。

3）员工工作压力

研究表明，个人与组织的良好匹配可以减小员工工作压力。Burke 和 Deszca（1982）借鉴了人格心理学家对人格进行 A 型和 B 型划分的研究思路，将组织也分为 A 型和 B 型两类。自我报告和血压测试的结果表明，当个体加入与之相契合的组织时（即 A 型个体加入 A 型组织或 B 型个体加入 B 型组织），他们所体验到的工作压力呈现较低的水平。

4）员工绩效

许多研究表明，个人和组织契合得越好（尤其是在价值观上），会越多地表现出这些亲社会行为。Posner（1992）发现，员工与组织在重大原则问题上和价值取向上的一致程度，会直接影响员工的组织公民行为和道德行为倾向。王震和王萍（2009）通过实证研究得出，个人与组织匹配对员工的工作投入、组织公民行为和组织承诺均有显著影响，其中一致性匹配对员工在工作和组织方面的态度及行为都有显著影响，要求-能力和需要-供给匹配对员工的工作相关表现有较强的预测力。朱青松和陈维政（2005）的研究结果证明，员工与组织的价值观实现度匹配对员工组织公民行为中的某些维度是具有显著性影响的。刘祯和徐梅鑫（2012）对前人的研究进行了分析总结，提出了自己的观点：个人-组织契合对反生产力工作行为和公司的财务绩效有积极的影响。

已经有很多研究指出，在个体和组织表现出较高程度的一致和相似时，个体所表现出的工作绩效会得到提升。Tziner（1987）提出，个人-组织契合对员工的工作绩效也有显著影响，在追求成就感上与组织气氛相合的员工比背离组织气氛的员工有更高的工作绩效。Kristof-Brown 等（2005b）对个人与组织契合研究的元分析表明，个人与组织契合和整体工作绩效、任务绩效之间的相关性较低，但和周边绩效之间的相关性中等。我国国内学者常亚平等（2010）的研究认为，个人-企业文化的匹配在很大程度上影响着工作绩效。

Edwards 和 Cable（2009）综合前人的研究建立了一个个人-组织契合对员工影响的解释图，如图 1.5 所示，个人-组织契合可以让员工感受到更多的沟通交流、相互吸引力、组织信息及成员间的相互信任，从而达成对组织的认同、对工作的满意并乐于留在组织中。

在个人-组织契合对结果变量的影响研究中，有一点值得关注，这些研究多是选取某个固定的时间点，如组织甄别遴选、求职者职业决策或员工在职的某一时刻，以个人-组织契合为预测变量来考察其对各类人群（如会计、教师、医护人员、信息技术工作者等）在组织中的工作态度（组织承诺、工作满意感、离职意向等）和行为表现（个体工作绩效、组织公民行为等）的影响。研究结果普遍支持了个体-组织契合对诸多个体层次后果变量的积极效应。唐源鸿等（2010）认为这种单一视角的静态探究并未充分展现个人-组织契合的独特价值与优势，也无法全面反映员工与组织交互作用的真实情况。

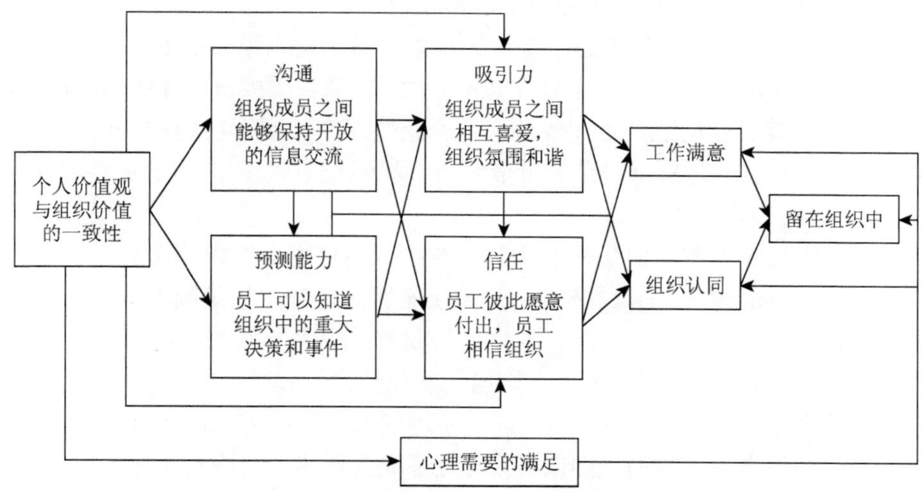

图 1.5　个人-组织契合产生结果影响的解释机理

除此之外，尽管个人-组织契合对组织行为学方面变量的影响已经有大量的研究，很多学者也意识到个人-组织契合会对员工态度、行为及组织绩效产生影响，但是其结论却并非完全相同。Edwards 和 Cable（2009）提出尽管个人-组织契合对员工工作态度和行为有着显著影响，但这个部分仍然需要进行更多的实证研究。Lauver 和 Kristof-Brown（2001）指出个人-组织契合和员工的情景绩效（如角色外行为）显著相关，但是和员工的任务绩效的关系还没得到实证。导致这些结论不一致，可能是以下原因：这些研究针对的是不同工作性质或者业务领域内的员工，对于不同的员工，个人-组织契合对于相关结果变量的影响可能会有所差别；在对相关变量的操作化定义上，各项研究也不尽相同；这些研究设置了不同的控制变量；大多数有关契合与亲社会行为的研究都采用了自我报告法，缺乏客观的行为测量，因此得到的结果并不一定真实（赵慧娟和龙立荣，2004）。

2. 人力资源管理方面的效用

人力资源管理方面，个人-组织契合会对员工组织进入、员工社会化、员工培训等产生影响。

1）员工组织进入

在传统的组织人员招募中，企业常以工作需求为考虑事件，认为选择具备足够知识、技术及能力的员工，就完成了甄选工作。但是，在企业的实际运作中，企业的招募过程其实是个双向的概念，当企业在寻找合适员工时，员工也在选择合适的企业，所以企业与个人同时都以选择合适的对方为主要目的。在这种情况下，个人与组织契合的概念，就成为企业招募员工时需予以重视的基本原则，个人-组织契合会影响员工和组织的相互选择过程。

应聘者的选择行为、组织的招聘行为是影响员工进入组织的主要因素（Judge and Bretz，1992）。研究发现，个体在选择是否进入某一组织时，首先会考量自己的性格特点和组织的氛围是否一致，这种一致性对个体是否决定进入该组织具有一定的预测性。员工会根据自身的价值观及人格特征对组织进行自我选择（Cable and Judge，1997）。

同样，应聘者的各方面条件素质是否与组织契合也是组织招聘员工考虑的首要因素（Burke and Deszca，1982）。组织在雇佣员工时，总是竭力选择那些在个性特点上和价值取向等方面与组织环境或组织气氛保持一致的应聘者。Bowen 等（1991）指出，当招聘员工是为了长期雇佣和保持组织弹性时，个人-组织契合是必须考虑的主要因素之一。面试是目前最常用的人员选拔方式。个人-组织契合不仅会对面试结果产生直接的正面效应，而且可成为影响个人应聘策略（自我推销、讨好奉承）和面试结果（雇佣推荐、工作获得）的中介变量（Higgins and Judge，2004）。我国国内学者从职位和组织生命周期两个角度进行了研究。樊宏和戴良铁（2004）认为，招聘不同职位的人员要求的匹配水平不同，组织在不同的生命周期所要求的应聘者与组织的匹配水平也不同。

2）员工社会化

个人-组织契合在员工社会化过程中也起着十分重要的作用。员工社会化涉及员工对组织环境的多个方面的认识和理解，如组织历史、组织目标、组织价值观等；其中，价值观是员工社会化研究中最关注的一个问题（Kristof，1996）。Kalliath 等（1999）指出，拥有和组织同样价值观的员工与组织在看待问题的方式上比较相似，从而可降低员工个人对组织的不可预测性。Ostroff 和 Rothausen（1995）的研究证明，随着工作期限的增长，人们逐渐了解和认同组织的目标与价值，从而可在个人目标和组织气氛之间实现更好的契合。

3）员工培训

在很多情况下，企业并不总是能招聘到跟组织文化非常契合的员工，相反，在大部分情况下，雇佣的初期员工与组织之间的契合程度可能比较低。因此，企业还必须通过其他的人力资源培训方法来提高这种契合，其中，员工培训将是一种比较好的方式。

在入职引导和员工培训方面，组织通过提供广泛的在职培训来提高员工对组织和自身的认识，从而为建立两者之间良好的契合和为纠正可能误导的契合提供基础。组织有计划地对员工进行培训，能推动个体学习组织环境的各方面，包括工作熟练、工作关系、政策、组织特定语言、组织历史，以及组织目标和价值观，从而更有效地实现个人和组织之间的契合。更重要的是，培训能通过提升个人与组织的契合程度，为组织带来高满意度、高绩效、低离职率、低压力的人力资源（关培兰和吴晓俊，2008）。基于个人-组织的概念，组织中开展的培训工作要达到两个契合：个体的综合技能与工作岗位要求相契合；个体的个性、价值观与组织的文化相契合。若组织里有与组织契合度比较低的员工，组织应重点对其进行组织化改造，使其能力得到提高，尽快接受组织的价值观和行为规范，融入组织环境。

参考文献

常亚平，郑宇，朱东红，等. 2010. 企业员工文化匹配，组织承诺和工作绩效的关系研究[J]. 管理学报，7(3)：373-378.

陈卫旗，王重鸣. 2007. 人-职务匹配、人-组织匹配对员工工作态度的效应机制研究[J]. 心理科学，30(4)：979-981.

樊宏，戴良铁. 2004. 基于人与组织匹配的招聘模式[J]. 经济管理，(3)：68-71.

关培兰，吴晓俊. 2008. 个人与组织契合度在人力资源管理实践中的应用[J]. 商业时代，(28)：52-53.

金盛华，张杰. 1995. 当代社会心理学导论[M]. 北京：北京师范大学出版社.

金盛华，郑建君，辛志勇. 2009. 当代中国人价值观的结构与特点[J]. 心理学报，(10)：1000-1014.

刘祯. 2013. 个人-组织契合的理论基础：价值论和契合论[J]. 管理学家（学术版），(10)：20-34.

刘祯，徐梅鑫. 2012. 个人与组织契合对反生产力工作行为，员工的创造力和公司的财务绩效之影响[J]. 管理学家（学术版），(2)：67-79.

唐源鸿，卢谢峰，李珂. 2010. 个人-组织匹配的概念，测量策略及应用：基于互动性与灵活性的反思[J]. 心理科学进展，(11)：1762-1770.

王震，王萍. 2009. 人-组织匹配：三维模型的验证及其与个体结果变量的关系[J]. 科技与管理，(5)：67-70.

王忠，张琳. 2010. 个人-组织匹配、工作满意度与员工离职意向关系的实证研究[J]. 管理学报，7(3)：379-385.

魏钧，张德. 2006. 中国传统文化影响下的个人与组织契合度研究[J].管理科学学报，9(6)：87-96.

张志学. 2010. 组织心理学研究的情境化及多层次理论[J]. 心理学报，(1)：10-21.

赵慧娟，龙立荣. 2004. 个人-组织匹配的研究现状与展望[J].心理科学进展，12(1)：111-118.

赵慧娟，龙立荣. 2008. 个人-组织匹配与工作满意度[J]. 工业工程与管理，8：113-119.

朱青松，陈维政. 2005. 员工价值观与组织价值观：契合衡量指标与契合模型[J]. 中国工业经济，5：88-95.

Ambrose M L，Arnaud A，Schminke M. 2008. Individual moral development and ethical climate：the influence of person-organization fit on job attitudes [J]. Journal of Business Ethics，77(3)：323-333.

Ashforth B E，Sluss D M，Saks A M. 2007. Socialization tactics，proactive behavior，and newcomer learning：integrating socialization models[J]. Journal of Vocational Behavior，70(3)：447-462.

Bowen D E，Ledford G E，Nathan B R. 1991. Hiring for the organization，not the job [J]. The Executive，5(4)：35-51.

Bretz R D，Judge T A. 1994. The role of human resource systems in job applicant decision processes [J]. Journal of Management，20(3)：531-551.

Burke R J，Deszca E. 1982. Preferred organizational climates of type a individuals [J]. Journal of Vocational Behavior，21（1）：50-59.

Cable D M，DeRue D S. 2002. The convergent and discriminant validity of subjective fit perceptions [J]. Journal of Applied Psychology，87（5）：875.

Cable D M，Edwards J R. 2004. Complementary and supplementary fit：a theoretical and empirical integration[J]. Journal of Applied Psychology，89（5）：822.

Cable D M，Judge T A. 1997. Interviewers' perceptions of person-organization fit and organizational selection decisions[J]. Journal of Applied Psychology，82（4）：546.

Chatman J A. 1989. Improving interactional organizational research：a model of person-organization fit[J]. Academy of Management Review，14（3）：333-349.

Chatman J A. 1991. Matching people and organizations：selection and socialization in public accounting firms [J]. Administrative Science Quarterly，36：459-484.

Dawis R V，Lofquist L H. 1984. A Psychological Theory of Work Adjustment：An Individual-Differences Model and Its Applications[M]. Minneapolis：University of Minnesota Press.

Deng H，Guan Y J，Bond M H，et al. 2011. The interplay between social cynicism beliefs and person-organization fit on work-related attitudes among Chinese employees [J]. Journal of Applied Social Psychology，41（1）：160-178.

Edwards J R. 1991. Person-job Fit：A Conceptual Integration，Literature Review，and Methodological Critique[M]. Oxford：John Wiley and Sons.

Edwards J R. 2008. 4 Person-environment fit in organizations：an assessment of theoretical progress [J]. The Academy of Management Annals，2（1）：167-230.

Edwards J R，Cable D M. 2009. The value of value congruence [J]. Journal of Applied Psychology，94（3）：654.

Erdogan B，Kraimer M L，Liden R C. 2004. Work value congruence and intrinsic career success：the compensatory roles of leader-member exchange and perceived organizational support [J]. Personnel Psychology，57（2）：305-332.

Higgins C A，Judge T A. 2004. The effect of applicant influence tactics on recruiter perceptions of fit and hiring recommendations：a field study [J]. Journal of Applied Psychology，89（4）：622.

Holland J L. 1985. Making Vocational Choices：A Theory of Vocational Personalities and Work Environments [M]. Englewood Cliffs：Prentice-Hall.

Homer P M，Kahle L R. 1988. A structural equation test of the value-attitude-behavior hierarchy [J]. Journal of Personality and Social Psychology，54（4）：638.

Jansen K J，Kristof-Brown A. 2006. Toward a multidimensional theory of person-environment fit [J]. Journal of Managerial Issues，18（2）：193-212.

Judge T A，Bretz R D. 1992. Effects of work values on job choice decisions [J]. Journal of Applied Psychology，77（3）：261.

Kalliath T J，Bluedorn A C，Strube M J. 1999. A test of value congruence effects [J]. Journal of Organizational Behavior，20（7）：1175-1198.

Kristof A L. 1996. Person-organization fit：an integrative review of its conceptualizations，measurement，and implications[J]. Personnel Psychology，49（1）：1-49.

Kristof-Brown A L，Barrick M R，Kay Stevens C K. 2005a. When opposites attract：a multi-sample demonstration of complementary person-team fit on extraversion [J]. Journal of Personality，73（4）：935-958.

Kristof-Brown A L，Zimmerman R D，Johnson E C. 2005b. Consequences of individuals' fit at work：a meta-analysis of person-Job，person-organization，person-group，and person-supervisor fit[J]. Personnel Psychology，58（2）：281-342.

Kunkel J H. 1965. Values and behavior in economic development [J]. Economic Development and Cultural Change，13（3）：257-277.

Lauver K J，Kristof-Brown A. 2001. Distinguishing between employees'perceptions of person-job and person-organization fit [J]. Journal of Vocational Behavior，59（3）：454-470.

Lewin K. 1951. Field Theory in Social Science[M]. New York：Harper&Row：88-237.

Muchinsky P M，Monahan C J. 1987. What is person-environment congruence? Supplementary versus complementary models of fit [J]. Journal of Vocational Behavior，31（3）：268-277.

O'Reilly C A，Chatman J，Caldwell D F. 1991. People and organizational culture：a profile comparison approach to assessing person-organization fit [J]. Academy of Management Journal，34（3）：487-516.

Ostroff C，Rothausen T J. 1995. Tenure's role in fit：an individual and organizational level analysis[C]. 10th Annual Conference of the Society for Industrial and Organization Psychology，Orlando.

Parsons F. 1909. Choosing A Vocation [M]. Boston：Houghton Mifflin.

Piasentin K A，Chapman D S. 2006. Subjective person-organization fit：bridging the gap between conceptualization and measurement [J]. Journal of Vocational Behavior，69（2）：202-221.

Posner B Z. 1992. Person-organization values congruence：no support for individual differences as a moderating influence [J]. Human Relations，45（4）：351.

Schein E H. 1975. How career anchors hold executives to their career paths [J]. Personnel，52（3）：11-24.

Schein E H. 1984. Coming to a new awareness of organizational culture [J]. Sloan Management Review，25（2）：3-16.

Schein E H. 1990. Organizational culture [J]. American Psychologist，45（2）：109-119.

Schneider B. 1987. The people make the place [J]. Personnel Psychology，40（3）：437-453.

Schneider B，Goldstiein H W，Smith D B. 1995. The ASA framework：an update[J]. Personnel Psychology，48（4）：747-773.

Shirom A. 1982. What is organizational stress? A facet analytic conceptualization[J]. Journal of Organizational Behavior，3（1）：21-37.

Tziner A. 1987. Congruency issue retested using Fineman's achievement climate notion [J]. Journal of Social Behavior and Personality，2（1）：63-78.

Vancouver J B，Schmitt N W. 1991. An exploratory examination of person-organization fit：organizational goal congruence [J]. Personnel Psychology，44（2）：333-352.

Werbel J D，Johnson D J. 2001. The use of person-group fit for employment selection：a missing link in person-environment fit[J]. Human Resource Management，40（3）：227-240.

第 2 章　个人-组织契合面临的挑战

2.1　个人-组织契合的变化

个人和组织由于受到各种环境因素的影响，双方关系一直处于动态变化之中。组织中的个人（员工）某方面的变化（具有共性）迫使组织不得不做出反应并适时应对；组织的变革对个人产生不同程度的影响，个人也不得不做出反应并采取应对措施。个人-组织契合动态性，决定了个人和组织都必须随时关注环境因素的变化。近年来，组织的管理者发现员工正在悄然发生改变，具体体现在对组织的忠诚度下降；组织承诺正在由职业承诺取代；更换岗位和离职倾向的个人渐多；员工不再一味重视职位升迁、薪酬、学历等能体现其所谓自身“价值”的东西，而是转变为重视个人的心理满足、重视生活与工作的协调与平衡、重视自身可就业能力的提高，取代了传统的“KSAs”；员工不再期望在一个组织终身就业，而是时刻准备着转移到自己理想的工作岗位或组织工作；员工自己主导职业生涯，不再依靠组织提供的职业生涯路径，即传统的职业生涯路径已无法满足一些员工的发展需要，组织只能提供横向的职业生涯发展而非层级递进的职业生涯路径等。从组织的角度上看，个人-组织契合由于个人职业价值观、就业观、职业成功标准等变化而发生改变。

与此同时，员工也发现，经济的周期性波动使得人们的就业处于不稳定状态。首先，经济处于发展周期的波峰时段，就业机会增多，稳定性较好；反之，就业机会减少，工作缺乏稳定性。其次，企业等组织的生存压力加大，随着组织变革加快，兼并、重组、破产随时都可能发生，组织不再承诺终身雇佣，而是实行雇佣合同制，关系型契约被交易型契约所取代，一旦组织发展受阻，员工随时可能被转岗或解雇。再次，企业等组织为了保持发展和竞争力，对员工的就业能力要求越来越高，如果员工不能满足组织的发展要求，也随时可能被解雇或面临被转岗等风险。最后，从员工的角度上看，个人-组织契合由于外部环境、组织发展战略、组织雇佣制度、雇佣标准等变化而发生改变。

从组织和个人的视角上看：一是个人的职业价值观发生改变，与组织期望的价值观出现不一致的情况；二是员工的职业忠诚、职业承诺等与组织期望的组织忠诚、组织承诺出现了一定的差异；三是员工为了规避就业不安全风险，着力提供可就业能力与组织期望的要求-能力契合有一定的不同；四是对员工和组织来说，符合逻辑的、规则的及连续的职业生涯到底如何发展已经不再明显，在员工自我主导职业生涯的情况下，组织如何承担职业生涯管理责任变得模糊。

2.2　易变性和无边界职业生涯的挑战

20世纪末21世纪初，个人-组织契合又面临着新的问题及挑战。个体职业生涯呈现出由传统职业生涯向易变性和无边界职业生涯（又称新型职业生涯）转化的趋势。传统职业生涯的特点表现为个人的职业发展呈相对稳定的阶梯式，而易变性和无边界职业生涯则有所不同。Arthur 和 Rousseau（1996）认为无边界职业生涯是“独立于而不是依赖于传统组织的职业安排”，并进一步指出职业生涯具有不稳定性或动荡性、无边界性，对不同类型的职业具有开放性；Briscoe 等（2006）认为无边界职业生涯的显著特点是具有无边界思维倾向和跨组织流动性；易变性职业生涯是一种螺旋式上升的结构，具有无界性、短暂性等特征。具有易变性职业态度的人更倾向于用自我价值观来指导自己的职业行为，更倾向于独立自主地管理自己的职业行为，因此，其显著特点是价值驱动和自我导向（个体认同）。在此情境下，组织职业生涯管理的作用和地位呈现下降趋势，一些组织不再承担员工职业生涯管理的责任，越来越多的人倡导自我主导职业生涯管理。

从本质上来看，传统职业生涯和无边界职业生涯是截然不同的两种职业生涯观，Sullivan（1999）从雇佣关系、组织边界、职业技能等角度对两者进行初步对比、归纳。

第一，雇佣关系。传统职业生涯以在组织和个人间建立稳定的心理契约为主要模式，强调以稳定的工作换取员工的忠诚和长期雇佣；无边界职业生涯则以交易型心理契约为主要模式，组织对员工的付出建立在个人创造的价值基础之上。第二，组织边界。在无边界职业生涯中，组织和个人是双向选择的过程，组织会淘汰低绩效和缺乏适应能力的员工，员工也会寻求更能满足自身发展需求的组织或者部门，在不断选择和跨越过程中，造成组织的边界更加模糊。第三，职业技能。在无边界职业生涯中，复合型人才更能适应组织快速发展的步调。这对员工的职业技能提出了更高的要求，使个人的职业技能产生迁移性。第四，成功标准。传统职业生涯更加注重薪酬、地位等客观标准去衡量职业生涯的成功；而无边界职业生涯更多考虑以主观标准去衡量职业生涯的成功，如职业满意度等。第五，职业生涯发展阶段。传统职业生涯中，年龄往往直接影响职业生涯发展阶段并产生限制作用；而在无边界职业生涯中，职业生涯的发展阶段与个人学习能力密切相关，学习能力的强弱直接决定职业发展速度和高度。第六，职业生涯管理责任。

传统职业生涯中，组织肩负职业生涯管理的责任；而在无边界职业生涯中，职业生涯管理的责任回归到个人自身。第七，培训方式。无边界职业生涯与传统职业生涯相比，为了更快速地培养符合组织需求的相关技能和人才，组织不再对员工进行正式、系统的培训，而更多地采取即时的、在岗培训方式。

上述变化对传统的职业生涯管理提出了一系列挑战。当然，新型职业生涯的出现，绝不是要完全否定组织必有的控制手段，而是强调在保证这种稳定和秩序的前提下，突破彼此之间的种种界限，以增强组织的灵活性和适应性。Sullivan（1999）认为新型职业生涯的出现引起了雇佣关系、职业生涯管理等诸多变化。这些变化对组织、个人都提出了挑战：如何建立良好的雇佣关系，降低离职率，提高员工的满意度和忠诚度；如何提高员工的组织承诺和可就业能力，促进预期职业成功目标的实现；如何采取有效的职业生涯管理策略，使个人与组织的职业生涯管理有效契合；如何调整人力资源管理系统，通过有效的人力资源管理实践活动使个人-组织在价值观、目标、需要-供给、要求-能力等方面有效契合，以达成个人的职业成功与组织绩效目标的实现。

2.2.1 传统职业生涯管理作用下降

Arnold 和 Cohen（2008）指出，以全球化和市场竞争的影响为特征的社会经济环境已经引向了一个更加利己主义的途径来通往与无边界和多变的职业生涯模式相符合的职业生涯。与此同时，他们表明在调查中已经证明了“在组织方面，无数的人继续用分级活动中隐含的观念来描述他们的职业生涯，并且他们认为在不同组织中的经历对于发展信誉、知识和进步所需的社会资本是非常重要的”。

Hall 和 Las Heras（2009）等专家学者认为，组织职业生涯管理的作用和地位呈现下降趋势，这几乎成为一种共识。但文献检索结果发现，很少有实证研究来支持组织职业生涯已经消失或者作用下降。只是有些许特殊案例、个人轶事和数据对此加以证明，但缺少普遍性。

从目前已有的理论研究和组织实践来看，组织的职业生涯管理依然存在，其作用似乎不可小觑。Clarke（2013）列举了欧美国家的情况，统计研究展示了在重要时期劳动力周转率几乎没有变化。美国 20 世纪最后 25 年工作年限的统计分析结果显示，美国人在他们最后的工作上的平均组织任期稳定地保持在 21 年左右。1992～2006 年，法国、德国、荷兰和葡萄牙等国家工作稳定性并没有下降反而有轻微的提升。有数据表明，英国的工作任期从 1992 年的平均 8.1 年轻微增长到 2006 年的平均 8.8 年。

笔者对中国山东某国有制造类企业员工离职率进行调查，结果显示至 2015

年在该企业工作年限在 10 年以上的职工占职工总数的 37%，工作年限 5～9 年的职工占职工总数的 24%。但也有一个不容忽视的现象，新招聘员工工作不满一年的比例有增高趋势，如 2011～2014 年新招聘员工工作不满一年就离职的占当年新招聘员工总数的 9%、16%、61%和 55%。虽然因企业所有制性质不同，老员工数量占员工总数的比例会有差异，但有一点是相同的：新员工，尤其是知识型员工的离职率在增高。智联招聘[①]对 90 后毕业生的调查发现（图 2.1），各行业白领和 90 后跳槽比例占比最高，年龄越大离职率越低。

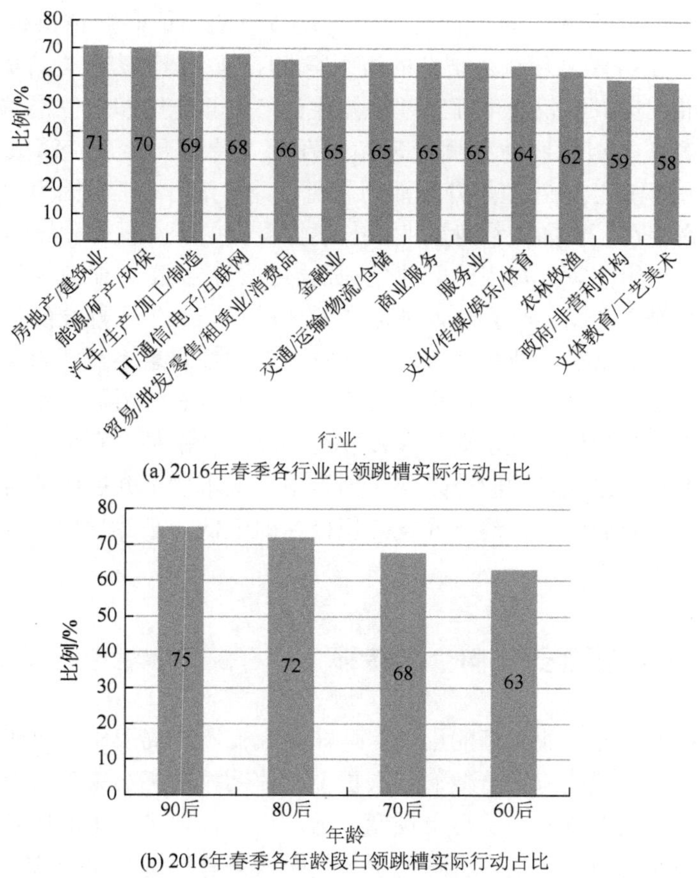

(a) 2016年春季各行业白领跳槽实际行动占比

(b) 2016年春季各年龄段白领跳槽实际行动占比

图 2.1　IT、通信、电子、互联网行业白领和 90 后的实际跳槽行动与同类人群比较

显示数据和实证研究都进一步表明组织职业生涯仍然存在并且发展得很好。同时，Mallon 和 Cohen（2001）发现一些职业女性在寻求工作与生活、工

① 智联招聘 2016 年春季白领跳槽指数调研报告[R]. http: //ts.zhaopin.com[2016-03-03].

作与家庭之间的平衡时接受了自由职业生涯，或者是由于她们的个人情况需要一定程度的灵活性，而结构化的组织职业生涯不能提供这种灵活性。Mainiero 和 Sullivan（2005）发现许多女性正在追求“万花筒职业生涯”或是那些在过程中不断变化和转换的职业，那些职业让她们能管理变化的角色、责任和关系。虽然一些女性仍然设法保持传统的职业生涯方向，但是家庭责任迫使部分职业女性在不同的人生阶段和职业生涯阶段倾向于接受一个更加多变的或万花筒式的职业。

正是由于部分人群，如职业女性、知识型员工和新生代员工群体中出现了易变性和无边界职业生涯倾向（针对中国文化背景的实证研究结果也证明了这一点），所以，一部分学者便认为传统的组织职业生涯管理消失了，其实不然。但更多的研究结果证实组织职业生涯管理虽然存在，但其作用和地位正呈现下降的趋势。其具体表现在组织职业生涯管理和开发的支持性要素逐步消失（谢晋宇，2003）。传统的职业生涯管理与开发活动之所以能够进行，正是因为组织中有一系列支持性因素存在。例如，终身就业或长期性雇佣的职业保障使得组织拥有稳定的人力资源，组织愿意为员工的职业生涯发展投资，员工也愿意为组织发展进行投资。雇员和雇主之间的相互忠诚使雇主愿意进行职业生涯开发的投资。但现实不容乐观，原有的组织职业生涯管理和开发的支持性要素逐渐消失了。例如，尽管原有的职业发展通道已经不适用于青年员工，但仍然保留，却不再修改；一些制度性激励措施，如例行性培训项目被取消；除了个别员工有机会升迁外，其他员工根本看不到自己未来的职业走向，因为组织根本就不开展职业咨询、指导等活动。组织投资职业生涯管理与开发的积极性的降低，必然导致组织与雇员之间的相互忠诚程度下降。

2.2.2 职业生涯管理责任向个人转移

易变性和无边界职业生涯的出现，意味着人们不再局限于一个组织或工作线上，而是通过抓住那些能够给他们带来更多价值回报的机会来进行自我职业生涯管理，以提高其人力资本和保持市场竞争力。这些都要求员工对职业生涯担负更多的责任，个人成为职业生涯管理的主体，个人只有迅速做出反应，调整以前依赖组织进行职业生涯规划和开发的思想观念与行为，加强自我职业生涯管理的建设，才能适应未来的社会发展和市场需求。管理责任的转移，对员工的个人管理能力和再就业能力，都提出了更高的要求。

DeFillippi 和 Arthur（1994）建议员工要知道为什么，知道如何获取必要的职业和工作能力，知道依靠谁获得知识和转换资源。因此，新型职业生涯下，员工知识和技能的获取与发展变得更加困难、更具有挑战性。

2.2.3 组织重新定位职业生涯管理与开发责任

职业生涯的规划和管理曾被视为个人的主要责任。后来，职业生涯发展的焦点从个人转移到组织（Gutteridge et al.，1993）。传统职业主导了工人就业，因为大部分组织结构都支持它（Sullivan，1999）。传统职业生涯体制是层级基础的，人们为有限的晋升机会而竞争（Rosenbaum，1979）。雇主和雇员之间关系的主要变化已显示在 20 世纪最后 10 年发生的心理契约改变中（Conway and Briner，2005；Rousseau，1995）。在新的职业生涯背景下，组织的角色发生了变化，由原来的管理者、控制者转变为支持者、促成者和人力资本的开发者。这就需要组织角色进行重新定位。例如，基于员工由关系型契约向交易型契约的转变，组织需要转变角色。这一个角色转变是组织发展过程中的一大难点，需要在新形势下创造性地开展工作，迎接挑战。

2.3 雇佣关系变化的挑战

最先提出“雇佣关系”这一概念的是英国人 Charles Morrison。他在 1854 年发表的《论劳资关系》中首次提出雇佣关系的概念，意指考察工人阶级与雇主阶级的关系。雇佣关系概念提出后，在产业关系、人力资源管理、工业心理学、工业社会学、劳动经济学、劳动法及劳工史等领域，都受到不同程度的重视及研究与应用。对雇佣关系的概念，不同领域存在各自不同的界定。Budd 和 Bhave（2011）认为，雇佣关系是指通过个人出卖劳动力而在雇佣者和受雇者之间产生的关系。也有学者将雇佣关系界定为雇主对员工贡献的期望和愿意为此支付的报酬。其中，员工的贡献是指员工整体的表现，如顾客满意程度、市场份额的变化、员工之间的相互合作等；报酬不仅限于财务方面，还包括社会报酬（徐淑英，2001）。

Rousseau（1989）认为，对雇主和雇员之间相互的义务与利益的界定构成了雇佣契约的基础。

影响雇佣关系的因素很多，可以从多方面、多角度进行分析。其中，雇主和雇员是雇佣关系的内在要素；政府、市场、工会等属于雇佣关系的外部环境要素；合同或契约属于雇佣关系的中介要素。

Rousseau（1990）用典型相关分析得出雇佣关系的两个维度：交易契约和关系契约。交易契约反映的是雇员以加班、职责外工作为代价，以换取组织提供的高额报酬、绩效奖励、培训和职业发展，是以经济交换为基础的契约关系；关系契约反映的是雇员以长期工作、忠诚和愿意接受企业内部工作调整为代价，以换取组织提供的长期工作保障，是以社会情感交换为基础的契约关系。

此外，Kickul 和 Lester（2001，2002）将雇佣关系划分为外在契约（extrinsic contract）和内在契约（intrinsic contract）两个维度；Shapiro 和 Kessler（2000）将雇佣关系划分为交易责任、培训责任和关系责任三个维度；中国学者郭志刚(2007)将雇佣关系划分为工作关系和情感关系两个维度。

Tsui 等（1995）关于雇佣关系的激励-贡献模型从组织角度将员工雇佣关系划分为四种模式：相互投入型、准交易契约型、投资不足型及过度投资型。Tsui 等（1997）指出，雇佣关系的内容主要包括两个方面：一是雇主期望员工为组织做出贡献；二是雇主提供激励或投入来促使员工做出贡献。问题的关键是雇主的期望和员工的实际行为是否产生一致，两个方面是否均衡，这是研究雇佣关系投入与产出的关键。雇佣关系模式的不同能够极大地影响员工的行为及态度。

Budd 和 Bhave（2017）从雇主、雇员、市场和雇佣关系视角构建了四个雇佣关系模型：利己主义雇佣关系、一元主义雇佣关系、多元主义雇佣关系及批判式雇佣关系。

雇佣制度大体可分为两种：长期（或终身）雇佣制和自由雇佣制。长期雇佣是组织的一种承诺，即一旦被组织雇佣，除非发生了重大变故或者员工出现重大过失，否则不会解雇员工。这一制度源于日本，中国大部分国有企业和一部分非国有企业基本上实行的是长期雇佣制。欧美地区的企业大部分采用的是自由雇佣制，即个人自由地挑选雇主，并在自己愿意的时候可以弃之他投；雇主也有权利在任何条件下终止工厂与雇员之间的雇佣关系。

Waterman 等（1994）在对无边界职业生涯和传统职业生涯的比较研究中发现，雇员和雇主之间的关系已由原来的关系型契约向交易型契约转变。在这种新的心理契约中，短期雇佣关系取代长期雇佣关系，员工对组织的忠诚度和承诺度大大降低，员工与组织间的关系成为一种交换关系，员工通过高工作绩效换得可就业能力的提升。Sullivan（1999）在比较研究中也发现，在无边界职业生涯下，雇佣理念、雇佣关系等发生了巨大变化。员工必须具备较强的学习能力，以获得可迁移、可携带的技能，进而增强自身的流动性。

在组织方面，新型雇佣关系下员工为了规避就业不安全风险，着力提供的可就业能力与组织期望的要求-能力契合有一定的不同，如何实现员工可就业能力的提高，实现需求-供给契合，将是组织面临的问题之一。

在员工方面，员工要想在新型职业生涯下获得就业，乃至职业成功，就需要具备更加灵活的、可迁移的、适用性的知识和技能。员工只有不断提高自身的可就业能力，才能增加就业机会，提高胜任能力，实现自己的职业发展目标。进入新型职业生涯时代，员工穿梭于各个不同行业、组织间，自身的知识、技能、能力需要不断地更新和提高。可见就业能力的提高是员工与新进入的组织进行更快更好的契合时所面临的一个挑战。

在新型职业生涯下，个人-组织契合由于外部环境、组织发展战略、组织雇佣制度、雇佣标准等变化而面临挑战。在新型职业生涯下，由于雇佣关系发生变化，员工很难长期受雇于一个组织。具体表现在以下几个方面：一是企业利用雇佣契约的动态性特征，尽可能多地摆脱高成本的长期雇员，选择合同工和临时工以减少企业雇佣和管理成本，集中成本以更加弹性地选择和保留核心雇员。二是在企业竞争加剧，频繁地重组或关停并转、精简规模时，一些员工不得不面临着裁员和被辞退的局面。三是工作内容丰富化和工作要求的不断提高，对员工的能力要求不断提高，员工面临着转岗或被迫寻找新的工作机会等选择，职业发展增添了更多的风险和不确定性。员工是契合的主体之一，组织在发生改变，而且对于需要-能力契合的内容也发生了改变。组织也是契合的主体之一，员工也在不断进行改变，如何实现新员工与组织更快更好地契合，构建新型雇佣关系成为组织的新课题。

2.4 心理契约变化的挑战

由于当今组织变革日益频繁，组织内雇佣关系发生变化，而在组织变革中心理契约是最能反映这种变化的核心因素（陈加洲，2001），所以近年兴起了很多关于心理契约的研究。而当前研究主要沿着两条线索展开：心理契约的内容构成及变化和心理契约的动态发展过程。

2.4.1 心理契约的内容构成及变化

在全球性竞争、组织变革的加快及新型职业生涯心态的出现等背景之下，心理契约在内容构成上发生了巨大变化。过去心理契约中非常重要的内容，正在逐渐消失或居于次要地位，而同时一些新的内容，如对灵活性、公平性、变革创新、不断尝试的要求占据的权重越来越大（Anderson and Schalk，1998）。

Spindler（1994）认为，“旧心理契约”以组织提供工作保障换取员工遵守规则与执行等传统契约形式正在被瓦解，而新的心理契约正在形成。Kissler（1994）通过对“旧心理契约”和“新心理契约”之间的差异比较分析，发现新、旧心理契约在员工和组织间的关系、员工身份与价值界定、员工流动、雇佣关系的期限、员工成长路径等五个层面的表现是完全相异的。

Hiltrop（1995）提出心理契约内容因时代不同而存在差异。Hiltrop（1995）在研究中发现，雇员和雇主对对方的期望在最近数年发生了巨大的变化。在关注的焦点、契约的形式、建构的基础、雇主职责、雇员职责、职业管理等方面，新、旧心理契约的构成都发生了明显的改变。例如，企业关注的焦点由工作保障转向可雇佣性；契约的形式由结构性变成了无结构性；等等。

Sparrow（1996）研究了新、旧心理契约在契约要素上的不同。新、旧心理契约在变革环境、文化、报酬、激励方式、晋升基础、流动性预期、在职保证、责任、地位、个人发展和信任等要素上存在明显的区别。例如，旧的心理契约的激励方式是晋升，而新的心理契约的激励方式是工作丰富化和能力的提升；旧的心理契约下个人发展主要由组织承担责任，而新的心理契约下个人发展主要由个人承担责任。

2.4.2 心理契约的动态发展过程

Dunahee 和 Wangler（1974）认为心理契约的产生和维持主要受三个因素影响：雇佣前的谈判、工作过程中心理契约的再定义、保持契约的公平和动态平衡。

Rousseau（2001）认为心理契约的形成主要包括四个阶段，即雇佣前（pre-employment）、招聘（recruitment）、早期社会化（early socialization）和后期经历（later experiences），每一阶段都有相应的行为和信念对心理契约的形成产生影响。

Sehalk 和 Robert（2007）认为，心理契约具有动态性。心理契约通常在雇佣关系建立前后的某一时间节点产生，但随着时间的推移，基于组织环境的变化，组织结构、制度、政策等的调整，以及个人能力的提高等因素的影响，心理契约也会随之发生变化。在工作情境中，员工会持续不断地观察组织的实际行为及其变化，同时与自己的心理契约相比较。如果组织没有达到员工的心理期望，员工要么忍受、顺从，要么改变自己的心理契约。

Sehalk 和 Robert（2007）认为，在动态组织情境中（组织的行为在不断变化），员工的矫正性回应会使得其心理契约具有动态变化性。心理契约的动态发展的研究主要侧重在它对组织效果的作用方面。Shore 和 Barksdale（1998）的研究表明，心理契约与高水平的知觉化组织支持、职业期望和情感承诺及低水平的离职意向有关。Flood 等（2001）认为心理契约和与组织公平有关的组织进程对两个关键的组织结果变量——员工承诺和留职倾向有直接影响。Bolino 和 Turnley（2003）指出心理契约的履行对员工的职务内行为和组织公民行为都有重要影响。

在新型职业生涯下，雇员和雇主之间的关系已由原来的关系型契约向交易型契约转变。在这种新的心理契约中，员工对组织的忠诚度下降，组织承诺正在被职业承诺取代。员工的职业忠诚、职业承诺等与组织期望的组织忠诚、组织承诺出现了一定的差异。如何在满足员工职业忠诚和职业承诺的同时，提升其组织忠诚和组织承诺，这将是组织面临的一个挑战。

2.5　职业价值观变化的挑战

个人-组织契合的核心是个人与组织基于价值观的相似性或一致性问题。首先，新型职业生涯之下，员工的职业价值观发生了很大变化。其中，最明显的变化是个人主导自我职业生涯管理。传统职业生涯管理通常是由组织管理员工职业生涯，组织为员工设计职业生涯通道，为员工发展提供晋升路径等。新型职业生涯下，员工不再依赖组织，而是自我主导职业生涯管理。其次，是职业成功标准的变化。随着经济的发展和社会的进步，员工的择业观念也发生了变化，人们不再局限于就职单位的福利待遇、工作的舒适性和稳定性，而是更加看重自己内心的感受，即心理上的成功感觉。越来越多的人将提高自身的就业能力作为职业生涯成功的新标准，将心理上的成功作为职业生涯成功的一个重要指标。

在员工自我主导职业生涯的情况下，组织如何承担职业生涯管理责任变得模糊。员工的职业价值观发生改变，与组织期望的价值观出现不一致的情况，使得组织和员工原有的契合被打破，如何更快更好地实现新的契合，这又将是组织和员工面临的一个挑战。

当前，越来越多的研究者认为成功标准在本质上是多维结构的，它不仅是社会层面上的客观事实，同时也是职业不同的个体自身主观层面上的问题。衡量职业成功的标准是多元化的。那些所谓的客观标准，实际是个人职业发展过程中所得到的客观结果，如何评价这种结果，或者是否将之称为成功，则必须加入主观的判断。所以，采取主观与客观相结合的综合职业成功标准更具有时代性和综合性。

参 考 文 献

陈加洲. 2001. 中国员工心理契约研究[D]. 北京：中国科学院心理研究所.

郭志刚. 2007. 无边界组织下的雇佣关系研究[D]. 成都：西南财经大学.

谢晋宇. 2003. 后企业时代的职业生涯开发研究和实践：挑战和变革[J]. 南开管理评论，6（2）：13-18.

徐淑英. 2001-07-14. 雇佣关系、心理契约——一种吸引、激励和保留人才的竞争工具[N].中国经济时报，（003）.

Budd J，Bhave D. 2011. 雇佣关系：人力资源管理的基础[J]. 中国人力资源开发，（9）：85-95.

Anderson N，Schalk R. 1998. Editorial：the psychological contract in retrospect and prospect [J]. Journal of Organizational Behavior，19（4）：637-647.

Arnold J，Cohen L. 2008. The Psychology of Careers in Industrial and Organizational settings：A Critical but Appreciative Analysis[M]. New York：Wiley.

Arthur M B，Rousseau D M. 1996. The Boundaryless Career：A New Employment Principle for A New Era[M]. Oxford：Oxford University Press.

Bolino M C，Turnley W H. 2003. Going the extra mile：cultivating and managing employee citizenship behavior [J]. The Academy of Management Executive，17（3）：60-71.

Briscoe J P，Hall D T，Demuth R L F. 2006. Protean and boundaryless careers：an empirical exploration[J]. Journal of Vocational Behavior，69（1）：30-47.

Budd J W，Bhave D P. 2017. The employment relationship：key elements，alternative frames of reference，and implications for HRM[A]//Wilkinson A，Bacon N，Redman T，et al. SAGE Handbook of Human Resource Management[C]. London：SAGE Publications Ltd.

Clarke M. 2013. The organizational career：not dead but in need of redefinition[J]. The International Journal of Human Resource Management，24（4）：684-703.

Conway N，Briner R B. 2005. Understanding Psychological Contracts at Work[M]. Oxford：Oxford University Press.

DeFillippi R J，Arthur M B. 1994. The boundaryless career：a competency-based prospective[J]. Journal of Organizational Behavior，15（4）：307-324.

Dunahee M H，Wangler L A. 1974. The psychological contract：a conceptual structure for management employee relations [J]. Personnel Journal，53（7）：518-526.

Flood P C，Turner T，Ramamoorthy N，et al. 2001. Causes and consequences of psychological contracts among knowledge workers in the high technology and financial services industries [J]. International Journal of Human Resource Management，12（7）：1152-1165.

Gutteridge T G，Leibowitz Z B，Shore J E. 1993. Organizational Career Development[M]. San Francisco：Jossey-Bass Pub.

Hall D T，Las Heras M. 2009. Long live the organisational career[A]//Collin A，Patton W. Vocational，Psychological，and Organisational Perspectives on Career：Towards a Multidisciplinary Dialogue[C]. Rotterdam：Sense：181-196.

Hall D T. 2004. The protean career：a quarter-century journey[J]. Journal of Vocational Behavior，65（1）：1-13.

Hiltrop J M. 1995. The changing psychological contract [J]. European Management Journal，13（3）：286-294.

Kickul J，Lester S W，Finkl J. 2002. Promise breaking during radical organizational change：do justice interventions make a difference[J]. Journal of Organizational Behavior，23：469-488.

Kickul J，Lester S W. 2001. Broken promises：equity sensitivity as a moderator between psychological contract breach and employee attitudes and behavior[J]. Journal of Business and Psychology，16：191-217.

Kissler G D. 1994. The new employment contract[J]. Human Resource Management，33（3）：335-352.

Mainiero L A，Sullivan S E. 2005. Kaleidoscope careers：an alternate explanation for the “opt-out” revolution[J]. Academy of Management Executive，19（1）：106-203.

Mallon M，Cohen L. 2001. Time for a change? Women’s accounts of the move from organizational careers to self-employment[J]. British Journal of Management，12（3）：217-230.

Rosenbaum J L. 1979. Tournament mobility：career patterns in a corporation[J]. Administrative Science Quarterly，24：221-241.

Rousseau D M. 1989. Psychological and implied contracts in organizations[J]. Employee Responsibilities and Rights Journal，2（2）：121-139.

Rousseau D M. 1990. New hire perceptions of their own and their employer’s obligations：a study of psychological contracts [J]. Journal of Organizational Behavior，11（5）：389-400.

Rousseau D M. 1995. Psychological Contracts in Organizations[M]. Tousand-oaks：Sage.

Rousseau D M. 2001. Schema，promise and mutuality：the building blocks of the psychological contract [J]. Journal of Occupational and Organizational Psychology，74（4）：511-541.

Sehalk R，Robert E R. 2007. Toward a dynamic model of psychological contract [J]. Journal for the Theory of Social Behaviour，37（2）：167-182.

Shapiro J C，Kessler L. 2000. Consequences of the psychological contract for the employment relationship：a large scale survey[J]. Journal of Management Studies，37（7）：903-930.

Shore L M，Barksdale K. 1998. Examining degree of balance and level of obligation in the employment relationship：a social exchange approach [J]. Journal of Organizational Behavior，19（s1）：731-744.

Sparrow P R. 1996. Transitions in the psychological contract：some evidence from the banking sector [J]. Human Resource Management Journal，6（4）：75-92.

Spindler G S. 1994. Psychological contracts in the workplace-a lawyer's view [J]. Human Resource Management，33（3）：325-333.

Sullivan S E. 1999. The changing nature of careers：a review and research agenda[J]. Journal of Management：Official Journal of the Southern Management Association，25（3）：457-484.

Sullivan S E. 1999. The changing nature of careers：a review and research agenda[J]. Journal of Management，25（3）：457-484.

Tsui A S，Pearce J L，Porter L W，et al. 1995. Choice of employee-organization relationship：influence of external and internal organizational factors [J]. Research in Personnel and Human Resources Management，13：117-151.

Tsui A S，Pearce，J L，Porter L W，et al. 1997. Alternative approaches to the employee-organization relationship：does investment in employees pay off? [J]. Academy of Management Journal，40（5）：1089-1121.

Waterman R H Jr，Waterman J A，Betsy A. 1994. Toward a career-resilient workforce [J].Havard Business Review，72（4）：87-95.

第3章 职业生涯管理“奇怪的裂缝”

3.1 “奇怪的裂缝”之由来

职业生涯管理是指个人或组织基于个人的职业生涯目标而开展的职业生涯设计、规划及人力资源开发、职业评价等活动。职业生涯管理通常包含两部分内容：一是个人职业生涯管理；二是组织职业生涯管理。传统职业生涯强调职业或就业的终身性，强调职业生涯是一个连续不断的发展过程；组织为个人提供职业发展路径、职业发展环境、职业咨询、培训、开发和指导等，以帮助个人实现职业发展目标。

3.1.1 职业生涯的控制权及其转变

Baruch（2006）认为，在工业革命之前，人们管理自己的职业生涯。因为，在工业革命来临之前，大约超过 85%的人从事的是农业工作。工业革命改变了人们的工作和生活方式，一大部分人从农业转向生产业，成为工业企业的工人。到了 20 世纪中期，由于技术的进步及生产效率的提高，生产相同数量的商品需要更少的人，一部分员工进入服务性产业。在 20 世纪末期，随着信息、计算机技术及生产业、服务业的进一步发展，网络虚拟世界的出现，又有一部分人进入知识产业（表 3.1）。

表 3.1 就业革命的演变

农业	→	生产业	→	服务业	→	知识产业
少量军队 少量创新产业（艺术） 非常少的教育业		仍有一些人从事农业 少量军队 少量创新产业（艺术） 少量的教育业		仍有一些人从事生产业 一些人从事农业 少量军队 少量创新产业（艺术） 更多人从事教育业，以及休闲娱乐业等		许多人仍从事服务业（大多数是当地的），仍有一些人从事生产业，一些人从事农业 少量军队 少量创新产业（艺术） 更多人从事教育业，以及休闲娱乐业和媒体业等

工业革命后，伴随着工厂的增多、企业规模的不断扩大，人力资源管理问题

逐步提上日程，基于众多员工的职业发展要求，管理职业的权力逐步交给了组织，由组织来承担员工的职业生涯管理，包括培训开发、晋升和分权等。

进入 20 世纪末期时，易变性和无边界职业生涯的出现，加之经济和社会出现的重大变革，使得组织处于竞争的不确定性、组织的不稳定性和雇佣的不安全性状态。如前所述，传统职业生涯面临着雇佣理念、心理契约、职业价值观等多重挑战。雇佣短期性使得员工工作安全感缺失，逐渐失去了对组织的信任与依赖，忠诚度降低。员工开始自主管理职业生涯。Hall（1996）、Arthur（1994）发现，过去的几十年里，个人重新获得职业生涯的控制权。当然，也有不同观点，如 Clarke（2013）、Hall 和 Las Heras（2009）认为，虽然个人在职业生涯管理方面拥有更多的自主权，但组织职业生涯管理并未消失，需要重新定义。那么，目前，职业生涯的控制权到底属于个人还是属于组织呢？

3.1.2　“奇怪的裂缝”的提出及其必然性

对职业生涯的关注主要来自理论界和实务界。理论界对职业生涯的研究主要聚焦在个人职业生涯管理和组织职业生涯管理两个重要的领域。个人职业生涯管理是从个人的角度进行职业生涯选择、教育和咨询问题的研究；组织职业生涯管理是受组织行为学、组织心理学和社会学影响，主要从组织的角度进行职业生涯开发问题的研究。Schein（1978）在研究中发现，尽管专家学者们都在研究个人职业生涯管理、组织职业生涯管理问题，但令人遗憾的是，基本上没有人将个人职业生涯管理和组织职业生涯管理融合起来研究，研究个人职业生涯管理的专家学者们基本上不关注组织职业生涯管理，研究组织职业生涯管理的专家学者们也不太关注个人职业生涯管理，Schein（1978）把这一现象形容为“奇怪的裂缝”。

近年来，在实务界即职业生涯管理实践领域，这一现象也有所体现。其具体表现在两个方面：一是理论研究的“裂缝”使得职业生涯管理理论不能给实践者应有的指导。Hall 和 Las Heras（2009）的研究主要针对的是组织的职业生涯开发，而 Savickas 和 Walsh（1996）的研究主要是从个人的职业生涯角度进行的。即使两个领域产生了互动，也很少能获得一致性结论。职业生涯研究两个领域的分割状态使得职业生涯管理实践也出现“裂缝”。二是易变性和无边界职业生涯的出现，以及个人自我主导职业生涯、职业流动性偏好加剧等，导致一部分企业等组织对职业生涯管理的价值和作用产生怀疑，有的企业甚至放弃了组织职业生涯管理，实行“无为而治”，其结果必然导致员工满意度下降、忠诚度降低、流失率提高等；也有部分组织觉得不能再像以往那样对员工开展培训、职业咨询和指导，因为一旦员工离职，会白白浪费培训成本等；还有部分组织虽然沿用传统的职业生涯管理制度和政策，但对新出现的职业生涯问题视而不见，依然我行我素，使得职业生涯管理效果不佳、效率大大降低。目前的整体状况是效益比较好的企业组织、国有大中型企业、外资企业比较注重职业生涯管理，一些民营企业、中小型企业，尤其是效益不佳的企业基本上不重视职业生涯管理。在新生代员工群体，个人自我指导职业生涯管理比较普遍，组织的职业生涯管理处于模糊地带，有些不知所措，存在于理论界的“奇怪的裂缝”现象在实务界也有明显的“裂缝”表征。我国国内学者谢晋宇（2003）在《南开管理评论》上发表的《后企业时代的职业生涯开发研究和实践：挑战和变革》一文明确提出了“裂缝”问题。这方面研究的不足并不代表“裂缝”问题不存在，实际上它严重弱化了我国企业的人才竞争力。例如，波士顿咨询公司在《迈向 2035：攻克数字经济下的人才战》报告中提出：“物质激励并不是高阶人才来到新组织的主要内在驱动力，他们更看重组织及个人的未来发展潜质，例如：所负责的事业领域是否有广阔的发展前景，在组织内的长期职业发展规划和角色定位是否清晰、并能满足个人期望；以及业绩表现和个人价值是否能得到广泛认同，例如：是否能进入组织的核心决策圈而不是‘架空’的专家，研发的产品和技术是否能投入商业应用。以上将对高阶人才持续激发创新创业激情起到关键作用，但许多组织在此方面并未特别关注。”同时，高阶人才还会特别关注事业上的新变化是否会对家庭成员产生负面影响，如跨区域的调派是否会影响孩子的教育、家人是否能享有稳定的医疗福利等。然而，许多企业在此方面也并没有深入洞悉到高阶人才的需求，并提供保障（阮芳等，2017）。

王凤科（2006）认为在实务界，个人职业生涯管理和组织职业生涯管理出现“裂缝”有其必然性。他认为出现这种“裂缝”的主要原因有以下三个方面：一是目标的相异性。就组织来说，对员工的需要往往是从组织的生存和发展的需求着眼，组织进行的一系列人力资源管理工作，都是以组织为中心，以组织的职业需求为导向，为的是实现组织的总体目标。而对员工来说，工作或就业的动机并非全部来自组织目标，他们的动机往往来自使职业工作同自身的各种需要相结合的产物，如维持生活或提高生活质量、安全健康、社会交往、获得尊重、实现个人价值等。因此，尽管职业岗位将员工与组织联系在一起，但是二者目标各有所指，取向分明。二是个体的复杂多样性。不同的人有不同的职业要求、相异的职业经历，甚至在相同的职业岗位上的人也可能具有不同的生活目标、各异的工作追求，个体的求职择业不是一个被动、静态的事件，而是一个主动、动态的过程。员工个体会主动对职业、从业组织、工作分配进行理性选择，对自己的职业生涯发展进行规划并适时做出调整。这些都是组织无法预料与控制的，故二者之间的矛盾不可避免。三是组织和员工之间信息披露的不对称性。在一个组织内，对员工的管理一般由人事职能部门承担。而职能部门设置则遵循职业专门化原则，目的在于提高劳动力的利用效率，而员工则是依据个人自身条件，谋求个体的最大发展。因此，组织和员工之间容易产生信息披露不对称的现象，如组织往往只考虑到对组织发展需要的看法的一致性，只重视本身信息的挖掘，而忽略了员工要求个人发展而披露出的信息；组织对员工的调动和升迁往往按照一种预先订好的时间表或组织的需要来决定，而不是根据员工自身准备如何来做出决定，忽略员工的个人信息；员工参与培训的科目也往往滞后于调动或升迁；评估、反馈和商讨方法很少与个人的学习和发展需求得到最大化的配合，甚至会出现严重的不对称。

3.2　新型职业生涯环境下的个人职业生涯管理

目前我国处于职业生涯观念多元化时代，传统职业生涯、易变性和无边界职业生涯观念并存。知识型员工和新生代员工职业生涯观念发生了明显的变化，逐步向易变性和无边界职业生涯转变。

如前所述，Hall（2004）的易变性职业生涯反映的是个人遵从自身的价值观，积极主动地管理自己的职业生涯，改变自己的职业发展路径，追求主观上成功（心理上的成功）的一种新模式。此外，Briscoe 等（2006）对易变性职业生涯与传统职业生涯的特征进行了比较研究，结果表明传统的职业生涯以加薪和晋升为目标，员工通过职位的晋升以获得高薪酬及工作稳定感；易变性职业生涯以心理成就感为目标，通过更强的可雇佣能力来获得自由和发展。传统的职业生涯是一种线性的等级结构；易变性职业生涯是一种螺旋式上升的结构，具有无界性、短暂性等特征。传统的职业生涯，员工的发展很大程度依赖于组织安排的正式培训；易变性职业生涯则要求员工具备持续且动态学习的能力。

无边界职业生涯概念则强调了新时代职业生涯边界的模糊化趋势。如前所述，无边界职业思想和跨组织流动性偏好是该模式的两个基本维度。通过对易变性和无边界职业生涯特点的分析我们发现，新型职业生涯环境下，个人对职业发展的态度与过去相比发生了深刻变化：心理契约的变化，很多组织和员工之间采用了一种期限更短、双方承诺更少的交易型雇佣契约（Altman and Post，1996），由个体和组织之间的契约转变为个体的内在契约；职业生涯管理的主要责任由组织承担改变为由个人承担，个人倡导由自我主导职业生涯规划和职业行为；职业生涯成功由个体自身评价和界定，与个体内在的自我实现、自我满足、职业满意等主观感受相关（Briscoe et al，2006）。因此，个人的职业生涯管理策略也应有所改变：进行终生学习，增强自己的可就业能力；不断扩展、充分运用自己的人际关系网络以获得更多职业信息；树立正确的职业价值观；建立自己的工作-生活平衡计划，以保持工作与家庭生活、身体健康的平衡。个人对自己职业生涯的有效管理，密切地关系到个人的生存质量和发展机会，是实现个人职业的长期发展乃至职业成功的重要保障。

3.3 新型职业生涯环境下的组织职业生涯管理

随着经济全球化和区域集团化发展，信息技术的日新月异，各行各业的结构性调整和重组，组织环境的变化不断加快，竞争日益增强，人力资源也成为企业发展的重要战略之一。组织职业生涯管理是组织人力资源管理的重要组成部分，如何在新的职业生涯环境下促进员工的职业发展，提高员工的工作满意度，保留企业所需的核心人才成为现在企业职业生涯管理面临的重要课题和挑战。

在新型职业生涯环境下，职业生涯管理责任由组织负责转变为更多地由个人负责。此时，组织面临着抉择：是针对新型职业生涯的挑战而做出及时应对，继续为员工的职业发展提供帮助，还是放弃对员工的职业生涯管理。

Clarke（2013）认为，在当代的就业环境中，组织不愿或不能提供工作安全感，个人也在为职业发展而寻求更大的独立性和灵活性，组织职业生涯被描绘得越来越无关紧要。从理论上讲，新型职业生涯为个人和组织提供了一个更好的选择，但是，组织职业生涯管理没有消失，仍然存在，但是需要重新定义来满足现代企业的需求，而不是仅仅放弃它。笔者认为，组织消极对待职业生涯管理的行为是一种推卸责任的行为。个人选择为自己的职业生涯管理担责是一种无奈的选择，而一旦组织放弃了职业生涯管理，其结果必然是与员工渐行渐远。反之，组织应深入分析新型职业生涯特征及其影响，积极主动地建立一套完善的、有针对性的职业生涯管理体系，为员工职业生涯发展和职业目标成功实现提供平台、条件，同时也为组织自身发展提供人力资源支持。

3.4 “裂缝”扩大的趋势

当今社会不断发展，竞争日益激烈，人们在工作中越来越追求自主性，努力寻求个人成长、自我实现的愿望也日益强烈。随着职业生涯环境的不断变化，个人不断更新就业观念、改变个人的行为，以适应组织和岗位的要求，培养自己在就业市场上的个人竞争力。

学者们一致认为个人职业生涯管理具有以下特点：一是以满足个体职业发展需要为目的；二是主要由个人负责和实施；三是在同一组织内或跨组织进行。

组织职业生涯管理是站在组织的角度，其目标是促进组织更好地发展，并根据组织的文化或理念、组织战略等制定组织职业生涯管理策略，在人力资源管理实践活动的实施过程之中都存在组织对职业生涯进行管理的行为。个人职业生涯管理是站在员工个体角度，其目标是促进个人职业发展，基于个人的价值观或理念，制订职业生涯规划，在个体的职业实践活动过程之中始终存在个人对其职业生涯进行管理的行为。

同时，二者的主体和为了实现目标而采取的策略也存在差异。组织职业生涯管理的主体是组织，为了更好地促进组织发展采取的策略，主要是组织社会化、职业生涯管理策略（制定职业发展政策或制度、提供职业信息、职业生涯咨询与评估、职业生涯路径设计、职业培训与开发）等；个人职业生涯管理的主体是员工，是为了促进员工顺利实现职业发展，采取的策略主要是职业生涯观念或态度的确立、职业发展策略（职业生涯规划、职业探索、学习与培训、职业调整）的实施等。

以上种种差异导致研究者在对职业生涯管理进行研究时，很难从组织和个人双重角度去全面考虑问题，尽管组织与个人职业生涯管理的客体都是员工的职业生涯，但其主体、目标、策略均不相同，这也为个人和组织职业生涯管理的兼顾增加了难度，为个人和组织职业生涯管理研究间的“裂缝”产生及持续扩大提供了条件。

不仅如此，新型职业生涯时代，易变性和无边界职业生涯的出现，对个人和组织的职业生涯管理也提出了新的挑战。对个人来说，员工更加注重自身职业生涯发展，倡导以自我价值主导的职业生涯，员工面对更好的选择与机遇时可能会选择跨部门或者跨组织的行为以实现其目标，其流动性偏好使职业生涯发展的稳定性受到一定程度的影响。同时，员工的流动性偏好使其很难忠诚于同一组织，组织承诺、组织忠诚度等降低；对组织来说，员工频繁的职业流动为其顺利开展职业生涯管理增加了难度，员工招聘、培训、开发等成本由于员工的高离职率而大大增加，也为组织经营造成了一定的困难，对如何吸引、培养并留住人才造成了困扰。

从以往的研究中我们可以看出，个人职业生涯管理与组织职业生涯管理存在一定的关系，如能进行相关关系研究则能有效弥补“裂缝”产生带来的研究盲区，但是，关于个人和组织职业生涯管理的关系多是从理论上进行阐释，强调的是二者之间的动态平衡，并没有探讨个人-组织职业生涯管理契合问题，二者间的研究“裂缝”仍然存在。新型职业生涯改变了个人和组织传统的职业生涯管理观念，个人-组织职业生涯管理如何有效契合已成为新形势下实现个人和组织目标的现实需要与重要研究课题。

3.5　“裂缝”的修复

3.5.1　“裂缝”修复的必要性

“裂缝”的出现没有引起理论界和实务界足够的关注与兴趣，而且“裂缝”还有扩大的趋势。王凤科（2006）指出职业生涯管理中“裂缝”问题的存在给组织和员工的发展均带来了负面影响：不利于提高员工对组织的认同感；不利于提高员工的能力；不利于提高员工工作和生活质量；不利于提高组织对员工开发的针对性、提升组织的生产力；不利于促进组织的有效管理；等等。所以对“裂缝”进行修复是十分必要的。

但是，在实际工作环境中，员工职业发展与组织所提供的环境和条件是密不可分的。只有在组织为员工提供了良好的发展和生存平台时，其员工职业生涯的目标与规划才能得以实现。现实社会中，各种类型的组织为员工的职业生涯发展提供了平台和背景，组织的成长和发展同样也借助了组织中员工的成长和发展而得以实现，从而建立起双赢互动的良好形势。虽然职业生涯管理的出发点是从员工出发，但实施则建立在组织提供的载体或平台上。相应的，组织的存在和发展依赖于员工的职业工作，依赖于员工的职业发展。因此，职业生涯管理实际上是员工职业生涯规划和组织职业生涯管理相互对应，并且相互支持的过程。职业生涯管理只有同时满足了员工和组织的双重需要，才有可能得到有效实施，个人目标和组织目标才能相互协调、共同实现。

理论方面，职业生涯管理的研究要想在实践中得以应用，并对个人和组织起到指导作用，必须对其“裂缝”的扩张趋势加以遏制，并找到个人职业生涯管理和组织职业生涯管理二者间的互动关系，建立纽带，将其统一于职业生涯管理的契合问题，研究二者之间是如何相互作用与相互影响的，并最终将这条奇怪的“裂缝”进行修复，弥补职业生涯管理研究领域在个人-组织职业生涯管理契合方面的空白。

实践方面，在无边界职业生涯和易变性职业生涯等新型职业生涯涌现的情况下，个人和组织都面临更多的选择与机遇，但是，个人与组织相互依存的关系是不会改变的，个人的发展依旧离不开组织提供的平台，组织的壮大也需要个人的奉献与成功。然而，新的机遇与思潮为传统的职业生涯管理模式带来了冲击，个人与组织往往会对职业生涯管理承担的责任这一问题产生分歧，员工渴求更大的自主权和更广阔的发展空间，组织则需要更加忠心的能力者。因此，如何处理好新型职业生涯下员工与组织在职业生涯管理方面的责任及二者之间关系，如何根据员工在不同职业发展阶段职业生涯观念的变化，制定灵活的职业生涯管理策略，使得个人-组织的职业生涯管理有效契合，是我们面临的一个新的、急需研究解决的现实问题。

由以上分析可知，职业生涯管理研究是一个有机整体，只有将其在个人与组织间产生的“裂缝”进行修复，才能在理论与实践中实现其双重价值。

王凤科（2006）认为“裂缝”修复带来的积极作用体现在以下几个方面：一是避免员工个人职业生涯设计的盲目性。员工在个人职业生涯设计中对个人的个性特征、能力水平和优势与劣势的认知，对组织的职业机会及其他职业的要求和认识存在偏差与信息的不对称，可能造成员工职业期望感性有余、理性不足。职业生涯管理将帮助员工理性地认识和评价自己适合干什么、能干什么、组织需要干什么，从而建立比较切实可行的个人职业生涯规划。二是有利于员工为组织创造更大的价值。职业生涯管理追求的是员工个性与职业的匹配、员工技能的不断改进和完善及合乎员工发展的职业发展通道，而这些正为员工潜能的发挥提供了广阔的舞台，从而为组织创造出更大的价值。三是有利于提升组织的竞争力。职业生涯管理为每位职工设计了符合组织发展的职业阶梯、组织需要的技能水平等，这必然会提升员工的整体素质，进而提升组织的竞争力。四是有利于组织和员工实现“双赢”。职业生涯管理是将员工个人的职业理想同组织的目标结合起来，使员工在组织中发展，组织在员工发展中成长，双方结成相互支持、相互依附、长期认同的“利益共同体”，最终实现组织与员工之间共同发展的目的。

3.5.2　“裂缝”修复的目标：共同管理

既然职业生涯管理研究在个人与组织的视角间存在“裂缝”，且对“裂缝”进行修复的必要性已经在上文中进行阐述，那么应如何进行修复？切入点在哪里？修复的目标又是什么？这些都是值得探讨与研究的问题。

在新型职业生涯的冲击下，个人与组织对传统职业生涯管理的理解产生偏差，对于个人职业生涯管理与组织职业生涯管理的责任承担方具有不同的认知。Briscoe 等（2006）研究发现，具有易变性职业态度的人更倾向于用自我价值观来指导自己的职业行为、更倾向于独立自主地管理自己的职业行为。时代发展所形成的社会包容性使个人对自身的职业发展持有更大的自主权，在此情境下，一些组织不再承担员工职业生涯管理的责任，越来越多的人倡导自我主导职业生涯管理，组织职业生涯管理的作用和地位呈下降趋势。然而，脱离了组织职业生涯管理的员工，在面对充分的职业自主权时往往更难抉择，对自身的能力和发展方向缺乏清晰的定位。这一变化直接导致了员工频繁的职业变动，组织的离职率提高，从而影响到员工自身的职业发展、职业成功，进而影响到组织绩效。可见，如果能妥善运用组织职业生涯管理，其在个人与组织发展中仍会起到不可替代的作用。对易变性和无边界职业生涯下组织职业生涯管理职能是否存在，Hall 等学者曾对此有不同的认知，甚至出现了从否定（Hall，1996）到肯定（Hall and Las Heras，2009）的变化过程。Clarke（2013）通过大量研究证实了组织职业生涯管理依然存在，但需要根据时代的发展重新定义。

如何根据时代的发展重新定义组织职业生涯管理，成为职业生涯管理研究的新课题。问题的焦点聚集在易变性和无边界职业生涯下，职业生涯管理责任应该由组织承担，还是由员工承担或由组织和员工共同承担。基于此，越来越多的学者从个人-组织契合的角度对个人-组织职业生涯管理的关系进行了研究。Granrose 和 Portwood（1987）提出了自我职业生涯管理模型，该模型指出员工感知到的个人与组织职业生涯规划的契合能够对员工的态度产生影响，契合度越高，员工满意度和组织承诺就越高。反之，员工就会不满意，进而在组织内部和组织外部寻找可替代的方案。Orpen（1994）指出当个人和组织共同管理职业生涯时，将会对主观的职业生涯效力（career effectiveness）产生更积极的作用。Herriot 和 Pemberton（1996）构建了组织职业生涯管理模型，该模型指出个人与组织之间的心理契约应该重新调整，这种心理契约的调整是基于个人与组织需要-供给的契合及彼此承诺的交换而产生的。Sturges 等（2005）指出个人职业生涯管理行为与组织职业生涯管理帮助有关，并有助于心理契约的实现。Baruch（2006）提出了基于价值观、策略和行为三个层面的组织和员工的职业生涯管理动态平衡模型，这个模型同时考虑了组织和个人的需求，体现了个体由目标到行为及组织由战略到具体管理活动的转变。De Vos 等（2009）的研究发现，当个人主动管理职业生涯时，他们更期望从组织那里获得职业帮助。凌文辁和欧明臣（2010）探讨了员工个人职业生涯管理与组织职业生涯管理的内容结构，并且指出了两者存在显著的关系。徐智华（2011）指出成功的职业生涯管理应该建立在个人和组织需要及两者互动的基础上，是自我与组织职业生涯管理的整合。

王凤科（2006）提出从两个层面，即意识层面和实践层面采取有针对性的策略对“裂缝”进行修复。意识层面上的策略是理念更新，包括组织理念的更新和员工理念的更新；实践层面上的策略是建立职业生涯发展系统进行“裂缝”修复，即通过一种有组织、有计划的努力，达到组织人力资源需求与个人职业生涯需求之间的平衡。在组织内建立职业生涯发展系统是一个行之有效的途径。影响职业生涯发展系统成功运行的主要因素是系统的组元、结构及运行机制。职业生涯发展系统的组元是员工和组织这两个能动主体的具体活动所体现的个人职业生涯管理与组织职业生涯管理。其结构和运行机制正是这两个组元彼此之间的互动、协调和整合，以最终实现组织生涯的发展。构建科学的职业生涯发展系统的运行机制，首要问题是完善组织的职位架构，包括组织或部门要有清晰的职位结构、责任、业绩的衡量标准，职位价值、上下级关系、职位体系的划分，以及开发多轨晋升通道等。

以上研究者的共同点即在构建的模型中兼顾了个人与组织的需求，考虑到了二者的契合度对员工态度与组织发展的影响，而不是将个人与组织割裂，因为二者在本质上是相互依存的。那么，职业生涯管理涉及个人与组织未来的发展前景和方向，如果组织完全放弃组织职业生涯管理，势必会对个人的发展产生副作用，进而影响组织的发展；如果组织承担了全部的职业生涯管理责任，而个人对自我职业生涯管理不予重视，那么个人的能力水平必然受到限制，不能跟随组织进步的速度而被抛弃，同时组织也消耗了更多的资本。因此，在二者间寻求契合点至关重要。

有研究表明，当组织和个人共同管理员工的职业生涯、承担共同的责任时，员工的业绩会更好，这是员工在组织中获得职业成功的前提条件。个人的职业生涯发展与组织的发展是一种动态且持续的契合过程，这也正是研究个人职业生涯管理与组织职业生涯管理间存在的“裂缝”的切入点，而将这条“裂缝”修复的目标就是要在个人与组织职业生涯管理之间搭建桥梁，帮助员工个体通过科学的职业生涯设计等最大限度地开发个人的潜能，使个人的职业发展需求与组织的职业生涯管理供给相契合，实现组织与个人职业生涯管理责任共担的新局面，以获得个人职业成功与组织高绩效的双赢效果。基于此，本书提出并界定个人-组织职业生涯管理契合概念，构建个人-组织职业生涯管理契合的静态结构和动态模型，开发个人-组织职业生涯管理契合量表，并进行信度和效度检验，以实现个人与组织共同管理职业生涯的目标，修复个人职业生涯管理和组织职业生涯管理间存在的“裂缝”。

参 考 文 献

凌文辁，欧明臣. 2010. 企业员工自我职业生涯管理与组织职业生涯管理初探[J]. 广州大学学报（社会科学版），9（4）：38-45.

阮芳，骆国纶，蔡菁容，等. 2017-02-16. 迈向 2035：攻克数字经济下的人才战[R]. BCG 波士顿咨询.

王凤科. 2006. 职业生涯管理视角：裂缝与修复[J]. 职业时空，12：5-8.

谢晋宇. 2003. 后企业时代的职业生涯开发研究和实践：挑战和变革[J]. 南开管理评论，6（2）：13-18.

徐智华. 2011. 自我与组织职业生涯管理的整合[J]. 科技管理研究，5：161-164.

Altman B W，Post J E. 1996. Beyond the social contract：an analysis of the executive view at twenty-five larger companies [J]. The Career Is Dead-Long Live the Career，15：46-71.

Arthur M B. 1994. The boundary less career：a new perspective for organ：iational inquiry[J]. Journal of Organizational Behavior，15（4）：295-306.

Baruch Y. 2006. Career development in organizations and beyond：balancing traditional and contemporary viewpoints [J]. Human Resource Management Review，（16）：125-138.

Briscoe J P，Hall D T，DeMuth R L F. 2006. Protean and boundaryless careers：an empirical exploration[J]. Journal of Vocational Behavior，69（1）：30-47.

Clarke M. 2013. The organizational career：not dead but in need of redefinition[J]. The International Journal of Human Resource Management，24（4）：684-703.

De Vos A，Dewettinck K，Buyens D. 2009. The professional career on the right track：a study on the interaction between career self-management and organizational career management in explaining employee outcomes [J]. European Journal of Work and Organizational Psychology，18（1）：55-80.

Granrose C S，Portwood J D. 1987. Matching individual career plans and organizational career management [J]. Academy of Management Journal，30（4）：699-720.

Hall D T. 1996. Protean careers of the 21st century [J]. The Academy of Management Executive，10（4）：8-16.

Hall D T. 2004. The protean career：a quarter-century journey [J]. Journal of Vocational Behavior，65（1）：1-13.

Hall D T，Las Heras M. 2009. Long live the organisational career [A]//Collrn A，Patton W. Vocational Psychological and Organisational Perspectives on Career：Towards a Multidisciplinary Dialogue[C]. Rotterdam：Sense：Publishers：181-196.

Herriot P，Pemberton C. 1996. Contracting careers [J]. Human Relations，49（6）：757-790.

Orpen C. 1994. The effects of organizational and individual career management on career success [J]. International Journal of Manpower，15（1）：27-37.

Savickas M，Walsh W B. 1996. Handbook of Career Counseling Theory and Practice[M]. Palo Alto：Davies Black.

Schein E H. 1978. Career Dynamics：Matching Individual and Organizational Needs [M]. North Reading：Addison-Wesley.

Sturges J，Conway N，Guest D，et al. 2005. Managing the career deal：the psychological contract as a framework for understanding career management，organizational commitment and work behavior [J]. Journal of Organizational Behavior，26（7）：821-838.

第 4 章　个人–组织职业生涯管理契合的量表开发

笔者在对个人-组织职业生涯管理契合进行概念界定的同时，还根据已有研究，构建了个人-组织职业生涯管理静态契合模型。静态契合模型中将个人-组织职业生涯管理契合划分为四个维度，即员工职业生涯观念（EA）、员工职业发展策略（ES）、组织社会化（OA）、组织职业生涯管理策略（OS）。所谓员工职业生涯观念是指员工的职业价值观及其与组织价值观相一致的程度；员工职业发展策略是指员工的职业发展目标、职业生涯规划与设计、职业探索、职业调整等策略与组织职业生涯管理相一致的程度；组织社会化是指组织帮助员工适应组织环境、组织文化的过程，其目的是确保组织核心价值观的连续性；组织职业生涯管理策略是指组织制定职业发展政策或制度、提供职业信息、设计职业生涯路径、开展职业生涯咨询与评估和职业培训与开发等，以满足员工职业生涯发展需求。

4.1　量表的编制过程

根据 Churchill（1979）和 Hinkin（1995）的研究，本量表开发分为四个步骤进行。

第一，收集原始资料。首先，对有关个人-组织职业生涯管理契合四个维度的研究成果进行分析，把握其概念和理论。其次，检索国内外相关文献，搜集国内外相关研究中有关四个维度的具体题项。对相关的文献进行整合后，选取了与我们的研究相契合的题项。考虑到个人-组织职业生涯管理契合是个人-组织契合的有机构成部分，在选取员工职业生涯观念的初始题项时，更多地参考了个人-组织契合中关于价值观方面的题项，最终我们借鉴 Cable 和 Judge（1996）、Cable 和 DeRue（2002）及 Briscoe 等（2006）的相关研究成果，从中提取八个初始题项。员工职业发展策略的初始题项主要参考了 Noe（1996）、Pazy（1988）、Sullivan（1999）、龙立荣等（2002）、凌文辁和欧明臣（2010）的研究成果，并且考虑了易变性和无边界职业生涯下员工自主管理职业生涯的特点，从中提取七个初始题项。组织社会化的初始题项来源主要参考 van Maanen 和 Schein（1979）、Jones（1986）、陈卫旗（2009）关于组织社会化构思的概念界定及编制的问卷，形成了六个初始测量题项。组织职业生涯管理策略的初始题项主要参考龙立荣（2002）、Briscoe 等（2006）、Baruch（2006）、凌文辁和欧明臣（2010）、Clarke（2013）等的相关研究成果，从中提取十个初始题项。然后，我们深入企业对员工和管理者进行访谈，根据测量题项与员工情况的符合程度及问卷的可读性进行评分（1～5 分），并且请他们指出还需要增加哪些内容，总共发放了 90 份问卷，收回有效问卷 62 份。

第二，编制初始问卷。对访谈结果进行归类、汇总，将得分低于 3 分的题项进行删除，总共删除了七个初始题项，同时根据访谈的结果，增加了两个测量题项，形成了由 26 个条目组成的个人-组织职业生涯管理契合调查问卷。之后，请人力资源管理领域的专家和人力资源管理专业的研究生对问卷的适当性与科学性进行评定，删除了 4 个测量题项。经过修改，最终得到了由 22 个条目组成的个人-组织职业生涯管理契合预测试问卷。

第三，预测试。将设计的预测试问卷利用专业问卷调查平台，以网址链接的形式通过工商管理硕士（master of business administration，MBA）毕业生面向企业员工发放。共发放问卷 280 份，回收有效问卷 232 份，回收率为 82.86%。问卷采用利克特的五点式量表，1 表示非常不同意，5 表示非常同意。运用的分析软件为 SPSS19.0 和 LISREL8.7。

t 检验结果显示，22 个题项的 t 值均达到显著水平（Sig 值为 0.000），表明这 22 个题项均具有鉴别度。经过探索性因子分析，共删除了七个题项，统计分析结果显示特征值大于 1 的因子共有四个，解释了总方差的 63.334%。根据因子所涵盖的题项内容对四个因子进行命名：员工职业生涯观念、员工职业发展策略、组织社会化、组织职业生涯管理策略。量表整体的 Cronbach's α 系数为 0.870，四个潜变量的 Cronbach's α 系数分别为 0.749、0.836、0.746、0.808，量表的信度良好。

第四，正式测试。对所收集的数据进行验证性因子分析，并对量表进行信度和效度检验，确定最终量表。

4.2 问卷设计与发放

正式测试仍采用问卷调查方式，调查对象以知识型员工为主。以前针对知识型员工实证研究表明，知识型员工具有易变性和无边界职业生涯倾向。本书挑选责任心较强的、研究者指导的、已经毕业或在校的 MBA 学员向其所在单位的同事或朋友发放问卷。共发放 300 份问卷，剔除无效问卷，收回有效问卷 275 份。

4.3 样 本 结 构

人口统计学变量统计结果显示：调查对象男性与女性比例分别为 48.4%、51.6%；年龄主要集中在 21～40 岁，占到了被测人数的 93%，其中年龄在 21～30 岁被测对象占 54.5%，31～40 岁被测对象占 38.5%；一般职工占 42.5%，基层管理人员占 31.3%，中层管理人员占 18.9%，高层管理人员占 7.3%；国有企业占 32.7%，外资企业占 36.0%，民营企业占 22.5%，机关事业单位占 8.8%；工作年限不满一年占 6.1%，1～3 年占 32.4%，4～6 年占 40.0%，7 年及其以上占 21.5%。

4.4　探索性因子分析

个人-组织职业生涯管理契合的量表可靠性分析结果显示，项目-总体相关系数都达到了 0.5 以上，量表总体的 Cronbach's α 系数为 0.922，四个维度的 Cronbach's α 系数值分别为：0.867、0.870、0.881、0.905，说明该量表具有良好的内部一致性，可靠性较高。

KMO（Kaiser-Meyer-Olkin）检验和 Bartlett's 球状检验结果显示：KMO 值为 0.872，Bartlett's 球状检验的卡方值为 2844.768（自由度为 105），Sig 值为 0.000，显著性水平均接近于零，表示适合做因子分析。

探索性因子分析的结果如表 4.1 所示。从表 4.1 中可以看出，特征值大于 1 的因子共有四个，与预测试分析的结果一致，解释了总方差的 76.179%。

表 4.1　个人-组织职业生涯管理契合量表的探索性因子分析

题项	因子载荷				共同性
	1	2	3	4	
OS1	0.838				0.767
OS4	0.829				0.814
OS2	0.818				0.805
OS3	0.766				0.767
ES4		0.844			0.753
ES3		0.796			0.680
ES1		0.741			0.765
ES5		0.686			0.620
ES2		0.672			0.645
OA1			0.843		0.855
OA3			0.829		0.786
OA2			0.795		0.775
EA3				0.872	0.878
EA1				0.850	0.848
EA2				0.691	0.670
因子命名	OS	ES	OA	EA	

续表

题项	因子载荷				共同性
	1	2	3	4	
特征值	3.230	3.195	2.591	2.410	
因子方差贡献/%	21.537	21.302	17.275	16.064	
累计方差贡献/%	21.537	42.839	60.114	76.179	

注：EA 为员工职业生涯观念、ES 为员工职业发展策略、OA 为组织社会化、OS 为组织职业生涯管理策略

4.5 验证性因子分析

第一步，进行一阶验证性因子分析。为了验证测量题项与潜变量之间的关系，我们对模型 1（M1）和模型 2（M2）进行一阶验证性因子分析。模型 1 为一阶单因子模型，假设经过探索性因子分析之后所保留的 15 个题项具有相同的潜变量——个人-组织职业生涯管理契合（POF）。模型 2 为一阶四因子模型，假设员工职业生涯观念的三个题项具有相同的潜变量——员工职业生涯观念，员工职业发展策略的五个题项具有相同的潜变量——员工职业发展策略，组织社会化的三个题项具有相同的潜变量——组织社会化，组织职业生涯管理策略的四个题项具有相同的潜变量——组织职业生涯管理策略。

以每个因子所对应的题项为观测变量，相应的因子为潜变量，一阶验证性因子分析内部拟合指数显示，M1 的结构不合理，M2 的结构比较理想。M2 各个观测变量在相应的潜变量上的标准化因子载荷值都大于 0.6，说明量表的收敛效度良好。从模型的内部拟合指数来看，χ^2/df 的值为 3.29，小于规定的标准值 5；RMSEA（渐进误差均方根）和 SRMR（标准化均方根残差）分别为 0.092 和 0.053，小于规定的标准值；NFI（正规拟合指数）、NNFI（非正规拟合指数）、CFI（比较拟合指数）、IFI（增量拟合指数）都远远超出了 0.9 的标准值。因此，M2 即个人-组织职业生涯管理契合一阶四因子结构得到了验证。

第二步，进行二阶验证性因子分析。为了进一步验证个人-组织职业生涯管理契合量表的一阶四因子结构与二阶因子之间的关系，对个人-组织职业生涯管理契合进行了二阶验证性因子分析。假设四个一阶因子存在共同的、一个更高阶的潜变量——POF。以 POF 为二阶因子，EA、ES、OA、OS 为一阶因子。二阶验证性因子分析结果如图 4.1 所示，二阶因子与一阶因子的标准化路径系数分别为 0.73、0.76、0.76、0.78，一阶因子的标准载荷系数在 0.66～0.92 范围之内，都远远高于所要求的最低标准 0.5；χ^2/df 的值为 3.23，小于规定的标准值 5；RMSEA 和 SRMR 的值达到了规定的标准值，分别为 0.09，0.053；NFI 为 0.95、NNFI 为 0.96、CFI 为 0.97、IFI 为 0.97，远远超过了 0.9 的标准值，说明了二阶因子模型

的拟合程度较好，同时说明了该量表具有良好的收敛效度，即二阶单因子模型比较理想。从上面的验证分析来看，个人-组织职业生涯管理契合量表的四个维度，能够很好地解释个人-组织职业生涯管理契合这一概念。

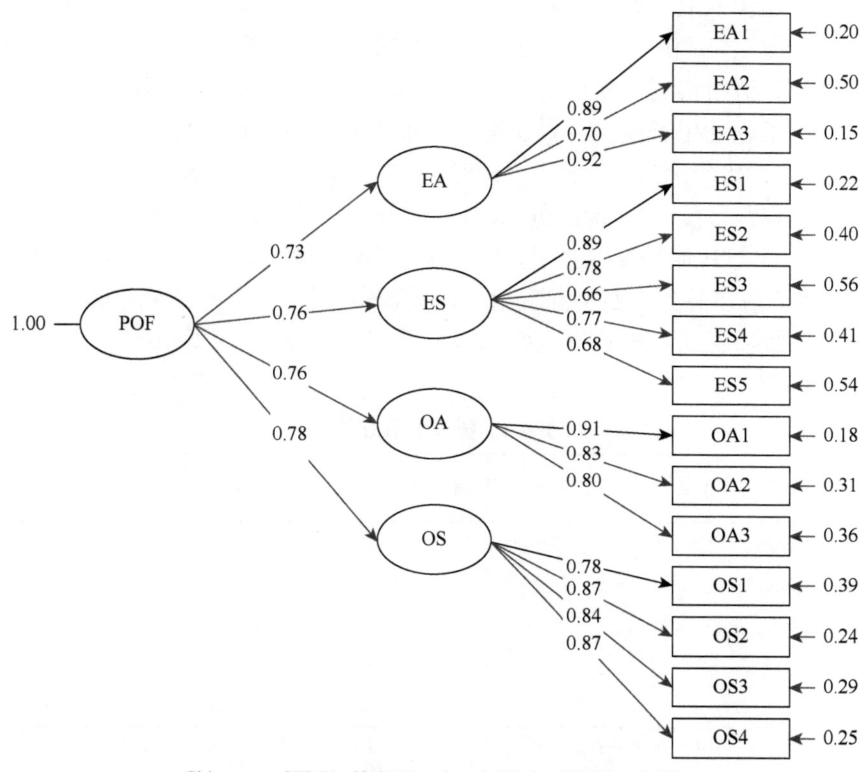

图 4.1　二阶验证性因子分析

POF 为个人-组织职业生涯管理契合；EA 为员工职业生涯观念；ES 为员工职业发展策略；OA 为组织社会化；OS 为组织职业生涯管理策略

4.6　量表的组合信度与效度检验

按照 Hair 等（1998）的观点，组合效度的最低接受标准为 0.7。经检验，员工职业生涯观念、员工职业发展策略、组织社会化、组织职业生涯管理策略的组合信度分别为 0.8815、0.8714、0.8814、0.9059，都大于 0.7，高于最低的可接受标准。因此，量表通过了组合信度检验。

效度检验主要针对量表的内容效度、建构效度、效标关联效度进行检验。

本量表是在查阅相关国内外文献和实地访谈的基础上编制的，先后共邀请了 12 位人力资源管理领域的教授和人力资源管理专业的研究生，对问卷的维度划分、题项设计、题项内容等各方面进行了深入的探讨和研究，删除不合适的题项，补充遗漏的题项，力求用简洁的语言表述每个题项。基于此，我们认为量表的内容效度是可靠的。

量表的建构效度主要包括收敛效度和区别效度。对量表收敛效度的检验主要考虑两个方面：一是潜变量与观测变量之间的标准因子载荷值大于 0.5，这已经在验证性因子分析中得到了验证；二是潜变量的平均方差抽取量（AVE 值）大于 0.5。经检验，员工职业生涯观念、员工职业发展策略、组织社会化、组织职业生涯管理策略的 AVE 值分别为 0.7155、0.5783、0.7130、0.7070，均大于 0.5，说明量表具有良好的收敛效度。Fornell 和 Larcker（1981）认为如果潜变量的 AVE 的平方根大于潜变量与其他潜变量的相关系数，则表明量表具有较好的区别效度。从表 4.2 中我们可以看到，四个潜变量 AVE 的平方根均大于潜变量与其他潜变量之间的相关系数，说明量表具有良好的区别效度。

表 4.2 量表的效度检验

项目	员工职业生涯观念	员工职业发展策略	组织社会化	组织职业生涯管理策略
员工职业生涯观念	0.8459			
员工职业发展策略	0.53	0.7605		
组织社会化	0.59	0.56	0.8444	
组织职业生涯管理策略	0.55	0.62	0.57	0.8408
AVE	0.7155	0.5783	0.7130	0.7070

注：对角线上的值为相应的潜变量的 AVE 的平方根，其余的值为潜变量之间的相关系数

以职业成长为效标变量，验证个人-组织职业生涯管理契合的效标关联效度。职业成长的量表采用 Wang 等（2014）开发的职业成长三维度量表，即职业目标进展（四个题项）、职业能力发展（四个题项）、组织奖励增长（七个题项），考虑到组织奖励增长的两个题项“在目前工作单位，我的职务比原先单位更理想”和“到目前的组织后，我的薪资提升比较快”会让被试者产生歧义，因此删除了两个题项，剩余 13 个题项用于测量职业成长。在进行相关分析前，首先对量表的信度进行了检验，整个量表的 Cronbach's α 系数为 0.920，三个维度的 Cronbach's α 系数值分别为 0.904、0.897、0.926，表明量表的信度非常高。探索性因子分析和验证性因子分析的结果显示，该量表具有良好的收敛效度和聚合效度。相关分析显示，个人-组织契合对职业成长、职业目标进展、职业能力发展、组织奖励增长均有显著正向影响，其中与职业成长的相关性最大为 0.737。此外，人口统计学变量对职业成长的相关性分析显示，年龄、职位、学历与职业成长显著相关。因此，

本书的回归分析采取分层回归的方法，首先将人口统计学变量（年龄、职位、学历）作为第一组预测变量引入回归方程，然后将个人-组织职业生涯管理契合作为第二组预测变量引入回归方程，因变量则为职业成长及其维度。回归分析的结果如表 4.3 所示，回归方程通过了 F 检验，个人-组织职业生涯管理契合对职业成长、职业目标进展、职业能力发展、组织奖励增长的解释度依次为 0.579、0.422、0.381、0.377。数据分析结果显示，中国情境下的个人-组织职业生涯管理契合具有理想的效标关联效度。

表 4.3　中国情境下个人-组织职业生涯管理契合与职业成长回归分析结果

项目	职业成长	职业目标进展	职业能力发展	组织奖励增长
个人-组织职业生涯管理契合	0.737**	0.635**	0.621**	0.563**
Adjusted R^2	0.579	0.422	0.381	0.377
ΔR^2	0.478	0.359	0.359	0.261
Sig.F Change	0.000	0.000	0.000	0.000

**表示在 0.01 水平（双侧）上显著相关

参 考 文 献

陈卫旗. 2009. 组织与个体的社会化策略对个人-组织价值匹配的影响[J]. 管理世界，（3）：99-110.

凌文辁，欧明臣. 2010. 企业员工自我职业生涯管理与组织职业生涯管理初探[J]. 广州大学学报（社会科学版），9（4）：38-45.

龙立荣. 2002. 组织职业生涯管理及效果的实证研究[J]. 管理科学学报，5（4）：61-66.

龙立荣，方俐洛，凌文辁. 2002. 企业员工自我职业生涯管理的结构与关系[J]. 心理学报，34（2）：183-191.

Baruch Y. 2006. Career development in organizations and beyond：balancing traditional and contemporary viewpoints[J]. Human Resource Management Review，（16）：125-138.

Briscoe J P，Hall D T，DeMuth R L F. 2006. Protean and boundaryless careers：an empirical exploration[J]. Journal of Vocational Behavior，69（1）：30-47.

Cable D M，DeRue D S. 2002. The convergent and discriminant validity of subjective fit perceptions[J]. Journal of Applied Psychology，87（5）：875-884.

Cable D M，Judge T A. 1996. Person-organization fit，job choice decisions，and organizational entry[J]. Organizational Behavior and Human Decision Processes，67（3）：294-311.

Churchill G A Jr. 1979. A paradigm for developing better measures of marketing constructs[J]. Journal of Marketing Research，16（1）：64-73.

Clarke M. 2013. The organizational career：not dead but in need of redefinition[J]. The International Journal of Human Resource Management，24（4）：684-703.

Fornell C，Larcker D F. 1981. Evaluating structural equation models with unobservable variables and measurement error[J]. Journal of Marketing Research，18（1）：39-50.

Hair J F，Tatham R L，Anderson R E，et al. 1998. Multivariate Data Analysis[M]. New York：Macmillan.

Hinkin T R. 1995. A review of scale development practices in the study of organizations[J]. Journal of Management，21（5）：967-988.

Jones G R. 1986. Socialization tactics，self-efficacy，and newcomers' adjustments to organizations[J]. Academy of Management Journal，29（2）：262-279.

Noe R A. 1996. Is career management related to employee development and performance？[J]. Journal of Organizational Behavior，17（2）：119-133.

Pazy A. 1988. Joint responsibility：the relationship between organizational and individual career management and the effectiveness of careers[J]. Group and Organizational Studies，（13）：311-331.

Sullivan S E. 1999. The changing nature of careers：a review and research agenda[J]. Journal of Management，25（3）：457-484.

van Maanen J，Schein E. 1979. Toward a theory of organizational socialization[A]//Cummings L L，Staw B. Research in Organizational Behavior[C]. Greenwich：JAI Press：209-264.

Wang Q，Weng Q，McElroy J C，et al. 2014. Organizational career growth and subsequent voice behavior：the role of affective commitment and gender[J]. Journal of Vocational Behavior，84（3）：431-441.

第 5 章　基于个人–组织契合的新型雇佣关系

5.1　新型雇佣关系及其结构模型

新型职业生涯的出现，对传统雇佣关系提出了一系列挑战，包括组织与员工的雇佣关系变化、心理契约变化及职业生涯观念变化等。构建新型雇佣关系来应对挑战早已成为企业和员工的共同愿望与责任。以往对于雇佣关系的研究多从组织或员工的单方视角进行，组织支持理论与心理契约理论是研究的理论热点。然而，新型雇佣关系是指雇主和雇员在新型职业生涯与复杂多变的组织环境下，基于双方利益而结成的一种相互合作、共同发展的契约关系，因此应站在组织和员工双方视角对其进行构建研究。基于此，郭文臣（2015）在其著作《新型职业生涯的挑战与应对》中运用个人–组织契合理论，从价值观契合、能力契合和需求契合三个方面，站在组织和员工的双重视角，构建了组织和员工相互承诺（组织支持与员工的职业承诺，旨在通过承诺促进价值认同和提高忠诚度）、相互投入（组织学习与员工的个人学习，旨在提高员工的可就业能力和组织的竞争力）和共同担责（组织责任与员工的个人责任，旨在达成员工和组织双赢的目标）的新型雇佣关系模式（图 5.1），本书将继续探究该新型雇佣关系模式对组织绩效和职业成功的影响。

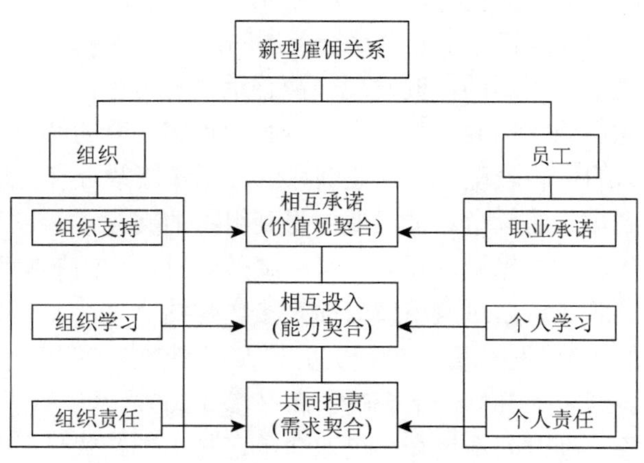

图 5.1　基于个人–组织契合的新型雇佣关系结构模型

5.2 研究假设的提出

5.2.1 相互承诺与组织绩效、职业成功的关系

1. 相互承诺与组织绩效的关系

如前文所述，Eisenberger 等（1986）认为，组织支持是在工作过程中组织重视员工贡献并关心他们利益的程度。凌文辁等（2006）认为组织支持感是员工所感知到的组织对他们工作的支持、利益的关怀与价值的认同。Lee 等（2000）认为职业承诺是个体与职业之间建立起来的一种心理纽带。龙立荣等（2000）认为职业承诺是指个人对职业或专业的认同和情感依赖，对职业或专业的投入和对社会规范的内化而导致的不愿变更职业的程度。组织支持能够满足员工的社会情感需求，如果员工感受到组织愿意而且能够对他们的工作努力进行回报，员工就会表现出较高程度的职业承诺，并为组织的利益付出更多的努力。Eisenberger 等（1986）认为，组织对员工的关心和重视是促使员工留在组织并为其做出贡献的主要原因，即先有组织对员工的承诺才会有员工对组织的承诺。Chang（1999）发现上级支持感和职业承诺之间存在着正相关关系，员工所感知到的上级支持感能够对其工作表现与工作满意度形成正向影响，并进一步提高员工的职业承诺。Eisenberger 等（1986）研究发现，当员工感知到来自组织的支持和关心与认同时，会表现出更高的工作绩效。吴继红（2006）在组织支持认知与领导成员交换对员工回报的影响研究中指出，组织支持认知对员工的组织承诺、任务绩效和组织公民行为都有显著的影响。越来越多的研究表明，如果员工做出更多的努力和坚持，表现出更高程度的职业承诺，企业会获得更高的绩效。Meyer 和 Allen（1991）通过对中国 253 对主管和下属的研究发现，情感承诺与角色内绩效及组织公民行为正相关。龙建和龙立荣（2002）对护士群体职业承诺研究的结果表明，职业承诺对员工的心理行为的影响表现为对职业满意度、工作绩效等有促进作用。

组织期望得到员工的承诺，员工期望得到组织的支持，如果双方的期望能够实现，即相互承诺、彼此忠诚，那么对组织绩效会有怎样的影响呢？目前，还没有关于组织支持、职业承诺对组织绩效的直接影响的研究，尤其是没有相互承诺对组织绩效影响的研究，但部分学者研究并证实组织支持、职业承诺对工作绩效、角色内绩效、任务绩效等具有一定影响。高书彦（2007）以 SV 管理软件咨询公司为案例研究对象，经过问卷调查得出双向承诺与工作绩效呈显著正相关，与单纯的组织承诺相比，双向承诺对员工的工作绩效的影响更加积极。吴绍棠和李小星（2005）研究发现，双向忠诚不但能促使员工实现自身的价值，而且有利于企

业提高管理效率，从而实现企业的高绩效。

综上分析，提出假设 5.1a：相互承诺对组织绩效具有显著的正向影响。

2. 相互承诺与职业成功的关系

许多研究都表明，能够得到组织支持的员工更容易实现职业成功。例如，Allen 等（2003）认为员工可以感知到决策中参与、公平报酬和成长机会的支持性效用，这会对职业成功产生积极影响。王震和孙健敏（2012）对核心自我评价、组织支持及二者交互作用对主客观职业成功影响的考察研究发现，组织支持对主客观职业成功均有一定的影响。同样有研究表明，那些更致力于职业发展的人群容易设立更高的职业目标，从而更愿意对职业进行重要的投资，相应也会获得更多的主观职业成功。Poon（2004）对职场白领的研究表明，具有较高职业承诺的人能获得更高的职业满意度，更有可能实现职业成功。龙立荣和毛忞歆（2007）、余琛（2009）的研究结果也证实，职业承诺对知识型人才的职业生涯成功有预测作用。

对于鲜有涉及的相互承诺与职业成功之间的关系，余琛（2009）发现职业承诺在组织支持认知与个体职业成功之间的关系中起着中介作用。因此，如果组织为员工的发展提供各种资源和平台支持，员工承诺为职业发展贡献更多的努力，组织支持与职业承诺彼此一致契合，那么两者的共同作用与相互促进下产生的相互承诺必然对员工的职业成功产生积极的影响作用。

基于上述分析，提出假设 5.1b：相互承诺对员工的职业成功具有显著的正向影响。

5.2.2　相互投入与组织绩效、职业成功的关系

1. 相互投入与组织绩效的关系

目前，学者们达成的共识是组织学习是组织不断调整自身以增强环境适应力的过程（陈国权和马萌，2000）。Goh 和 Richards（1997）将组织学习划分为四个维度：目标任务共识、领导授权、开放与试验、知识传递与融合。目标任务共识是指员工对组织目标和愿景的认同程度与认知能力；领导授权是指领导者为员工获取和学习知识提供支持与帮助的能力；开放与试验是指员工探索创新和试验的自由程度及优化工作流程的能力；知识传递与融合是指员工间相互学习或从其他组织中学习，并通过这种学习总结成功经验与失败教训的能力。Kolb（1984）认为，个人学习是通过人的思维将外界发生的事情转化为抽象的概念并加以应用的过程。陈国权（2008）将个人学习定义为，个人不断获取知识、改善行为、提升其他素质，以在不断变化的环境中使自己保持良好生存和健康、和谐发展的过程。

学者们已经证实了组织学习和个人学习之间可以相互转换。Kim（1993）结合Argyris的心智模式概念提出“OADI——个体心智模式循环模型”，阐明了个人和组织心智模式之间的相互影响和转化，导致了个人学习和组织学习之间的相互影响与转化。Murray和Moses（2005）对团队学习的作用进行了研究，结果证明个体学习、团队学习和组织学习之间会相互影响。基于我国235个企业样本数据的实证分析，陈国权和赵慧群（2009）认为个人学习能力通过团队学习能力的中介作用对组织学习能力产生影响。组织通过学习可以使组织决策者、管理者掌握有关内外部环境的新知识，提高组织能力，减少组织能力过时的风险，并有利于组织绩效的提高（Argyris and Schön，1996）。陈国权和郑红平（2005）的研究证实，企业的发现能力、执行能力、知识管理能力等学习能力与组织绩效正相关。一些学者认为，通过组织学习而形成的创新组织更容易提高其能力以获得更高的绩效（蔡莉和尹苗苗，2009）。经过对122个研究中的486个独立结果的研究分析，Lou等（2007）发现个人学习对个人成就、团体任务绩效及情感性结果有积极影响。陈国权（2008）通过实证研究初步发现了，个人总体学习能力与任务绩效和情景绩效之间具有显著的正向相关性。

作为组织创新的主要过程和获得持续竞争优势的重要来源，组织学习和个体学习的相互作用必然也会对组织绩效产生一定的影响。Tsui等（1997）通过对10个公司的实证研究发现，企业过度投资或企业、员工相互投资普遍比任意一方投资不足的企业，核心任务完成得更好，组织绩效也更高。因此，如果组织和个人均重视人力资源开发，有效地组织开展学习、培训活动，员工自身也不断进行个人学习投入，从而带来员工可就业能力及整体素质的提高，进而促使员工高效率地完成各项工作任务，并显著提升组织绩效。

综上所述，提出假设5.2a：相互投入对组织绩效具有显著的正向影响。

2. 相互投入与职业成功的关系

主客观职业成功受到家庭背景、组织类型、职业群体和社会环境等的多重影响。如果对职业成功前因变量的研究重点只放在个体变量上，其局限是非常明显的。周文霞（2007）研究发现，在知识经济条件下影响职业成功的因素主要有人口统计学变量、人力资本特征、组织和社会变量等。虽然，鲜有文献从组织学习的视角研究职业成功，但是作为重要的组织变量（包括组织的培训、激励举措、绩效考核等），它无疑可以提高员工在组织内外部的竞争力，从而有利于其职业成功的实现。Kim（1993）认为学习是知识和技能的获取，因此个人学习的目的是提高人力资本以获得职业成功。鉴于目前国内外尚未有对个人学习与职业成功关系的实证研究，本书以人力资本变量代替个人学习。人力资本是指凝结在个体身上的知识、经验和能力等（Schultz，1961）。已有实证研究证实了员工人力资本的提高是个人职业成功的关键，Ballout（2007）通过文献回顾提出职业成功是人力资本、人与环境契合及组织支持共同影响的结果。郭文臣等（2014a）证实，企业员工所具有的社会资本和人力资本通过个人-组织契合对职业成功发挥作用。

王春艳和袁庆宏（2010）构建了组织内关键员工知识同组织动态能力的交互迁移模型，认为组织能力同组织中关键员工的知识之间通过组织学习机制交互迁移演进，而且这种演进过程有助于二者的共同提高。郭文臣等（2014b）对 400 名 MBA 学员和管理者进行问卷调查，结果发现个人和组织共同投入可提高员工的可就业能力，对员工职业成功等具有直接的影响。新型职业生涯带来的短期雇佣和交易型契约致使员工面临着随时被解雇的风险，组织和个人的学习投入不但可以提高员工的可就业能力，而且可以为面临职业困境的员工增加更多选择机会，从而对其职业成功产生不可忽视的积极作用。

综上所述，提出假设 5.2b：相互投入对员工的职业成功具有显著的正向影响。

5.2.3　共同担责与组织绩效、职业成功的关系

1. 共同担责与组织绩效的关系

“组织责任”一词主要来源于对心理契约的相关研究，有学者认为心理契约是员工个体在雇佣关系背景下，对雇佣双方相互义务和责任的一种理解或信念（Morrison and Robinson，1997）；国内学者李原（2002）认为，心理契约包括两个方面的内容：员工对组织的责任（即个人责任）和组织对员工的责任（即组织责任）。心理契约的理论基础为社会交换理论和公平理论。在雇佣双方的交换过程中，依据社会交换的互惠原则和公平原则，员工会根据组织的责任履行情况，决定自身责任的承担情况，所以心理契约其实是一个动态平衡的过程（王勃琳，2012）。Rousseau（1989）认为心理契约的个体层次和组织层次之间存在一种互动过程，即心理契约通过相互间的责任把雇佣双方紧密联系在一起。李原（2002）通过采用 lisrel 路径分析方法，得到心理契约中的组织责任对个人责任的影响力达到显著性水平，而且它们之间表现为一种交互作用的关系（既有平行又有交叉的影响）。已有研究表明，员工组织公民行为与组织责任有显著的正相关性，因此如果企业不能不断提高组织责任水平，员工将很难付出额外的努力来推动绩效的提高和企业的发展（张喆等，2008）。Turnley 等（2003）通过实证研究验证了，企业对心理契约的承诺及履行程度显著影响员工的工作积极性，进而影响组织的绩效。个人责任的履行与组织绩效提升间的关系是显而易见的，我国的相关学者采用各种方式证实了这种关系。为了探索员工心理契约各维度对绩效的影响，王凯（2008）对近 200 家企业员工的调查发现，员工责任的多个维度都与绩效正相关。

通过理论或实证研究，大多数学者认为心理契约违背与积极雇员行为（如组织公民行为、员工绩效）和态度（如组织承诺、组织忠诚度、工作满意感）高度负相关。Turnley 等（2003）采用配对法调查了 134 对管理者和员工，结果表明两种责任的履行程度可以正向影响角色内行为和组织公民行为等。Shore 和 Barksdale（1998）以组织责任和个人责任为两个维度进行组合，形成四种心理契约类型，并通过对 327 名 MBA 学生的调查，发现“高-高”型企业的员工比其他类型企业的员工有着更高的组织承诺和更低的离职意向。此外，学者们对于积极的员工态度和行为与组织绩效间的相关性已达成了共识。

综上所述，提出假设 5.3a：共同担责对组织绩效具有显著的正向影响。

2. 共同担责与职业成功的关系

对员工的职业生涯进行管理是组织责任的重要组成部分，已有研究证实了组织职业生涯管理与职业成功密切相关（Whitely et al.，1991）。中国学者凌文辁和欧明臣（2010）认为组织有义务承担起职业生涯管理的责任，这样不仅使员工个人职业得到发展，而且又能满足企业对人才的需要，实现企业与员工的双赢。目前有关个人责任与职业成功间关系的研究较少，但作为个人责任的重要组成部分，自我职业生涯管理与职业成功的影响已得到学者们的普遍认同。自我职业生涯管理可提高员工对职业的把握度，从而使员工获得一种满足感，因此对员工的职业发展有十分积极的意义。Lee（2002）对新加坡信息技术产业（IT 业）员工的研究显示，员工职业规划和职业战略与职业满意度正相关，所以对职业成功十分重要。龙立荣和毛忞歆（2007）通过对我国 IT 业员工的调查证实，自我职业生涯管理和职业承诺对职业成功具有预测作用。

心理契约是一种双向的权利与义务关系，是组织和员工相互作用的结果。只有对双方责任展开研究，才能真正揭示出心理契约影响双方态度和行为的本质原因。大多数学者认为，心理契约对工作满意感、离职意向等态度和行为有显著影响，Turnley 等（2003）对心理契约进行了实证研究，结果发现员工心理契约与满意度、组织公民行为等显著正相关，而与离职率等显著负相关。Rousseau（2003）以美国高校的博士和导师为研究对象，对他们的心理契约与工作质量、工作满意度间的关系进行调查，结果表明，心理契约可以正向影响两者的水平。因此，雇佣双方心理契约的一致性越高，雇员工作质量、满意感越高，离职的意向则越低。我国学者郭志刚（2007）认为，在新型雇佣关系中，雇主应在确保组织利益的前提下，勇于承担对雇员的发展责任，用以交换雇员的技能和态度；雇员则应担任起自我代理人的角色，展现更多的主动性，从而在工作中培养专业精神和职业素养，进而对职业成功和组织绩效产生积极影响。

综上所述，提出假设 5.3b：共同担责对员工的职业成功具有显著的正向影响。

基于假设 5.1a、假设 5.1b、假设 5.2a、假设 5.2b、假设 5.3a、假设 5.3b，提出假设 5.4：组织和员工相互承诺、相互投入和共同担责的新型雇佣关系，能够显著预测组织绩效和职业成功。

5.3 实证分析

5.3.1 研究工具

组织支持的测量采用凌文辁等（2006）的量表，包含工作支持、价值认同和利益关怀三个维度（24 个题项）；职业承诺的测量采用郭文臣（2011）修正的、Meyer 和 Allen（1991）开发的职业承诺量表，共包括感情承诺、继续承诺和规范承诺三个维度（10 个题项）；组织学习的测量采用蔡莉和尹苗苗（2009）修正、Goh 和 Richards（1997）开发的量表，包括共同愿景、领导与授权、开放与试验和知识传递与融合四个维度（14 个题项）；由于个人学习理论的已有研究尚不成熟，本书的个人学习量表用人力资本量表代替，对人力资本的测量则采用郭文臣（2011）开发的量表，包括教育水平、工作经验、学习力和培训四个维度（12 个题项）；组织责任和个人责任的测量采用李原和孙健敏（2006）开发的包含人际责任、发展责任和规范责任三个维度的组织责任量表（21 个维度）及个人责任量表（18 个维度）。组织绩效的测量分别采用 Walton（1985）、Huselid（1995）的人力资源绩效量表（三个题项）及 Venkatraman 和 Ramanujam（1986）等的运营绩效量表（五个题项）、财务绩效量表（两个题项）。职业成功的测量分别采用王忠军（2006）等修正的 Eby 等（2003）测量所感知的组织内部竞争力和组织外部竞争力的量表（六个题项），以及 Greenhaus 等（1990）编制的职业满意度量表（五个题项）。具体测试时，采用利克特的五点式量表，“1”代表“非常不同意”，“2”代表“比较不同意”，“3”代表“不确定”，“4”代表“比较同意”，“5”代表“非常同意”。

5.3.2 预测试

为了对上述量表进行修正，本书首先通过预调研对测量工具进行信度和效度的检验。为了避免共同方法偏差，本书在问卷内容设计上，将自变量和因变量分开，设置一定数目的反向题项并将所有题项顺序打乱。同时，在问卷的说明部分强调按照自由意志和实际情况填写，以保证数据的真实性。

本书中所用调查问卷共分两类：一类是管理者问卷，主要包括测量组织支持、组织学习、组织责任和组织绩效的四个量表；另一类是员工问卷，除了人口统计学变量中包含的性别、工作年限、工作岗位属性和单位性质外，还包括测量职业承诺、个人学习、个人责任和职业成功的四个量表。本书对两类问卷都进行了编号，以确保每份管理者问卷都和其下级的员工问卷相对应。通过 MBA 学员向 20 个企业发放调查问卷，每个企业发放管理者问卷和员工问卷各 5 份。经过筛选剔除，最后剩余有效管理者问卷 91 份、员工问卷 94 份。

本书运用 SPSS19.0 对样本数据进行可靠性分析。各量表的 Cronbach's α 系数如下：组织支持总量表的 Cronbach's α 系数为 0.911，各个分量表的 Cronbach's α 系数都在 0.796～0.845；职业承诺总量表的 Cronbach's α 系数为 0.741，各个分量表的 Cronbach's α 系数都在 0.755～0.796；组织学习总量表的 Cronbach's α 系数为 0.900，各个分量表的 Cronbach's α 系数都在 0.716～0.801；个人学习总量表的 Cronbach's α 系数为 0.818，各个分量表的 Cronbach's α 系数都在 0.691～0.868；组织责任总量表的 Cronbach's α 系数为 0.886，各个分量表的 Cronbach's α 系数都在 0.600～0.925；个人责任总量表的 Cronbach's α 系数为 0.928，各个分量表的 Cronbach's α 系数都在 0.797～0.920；组织绩效总量表的 Cronbach's α 系数为 0.905，各个分量表的 Cronbach's α 系数都在 0.757～0.874；职业成功总量表的 Cronbach's α 系数为 0.889，各个分量表的 Cronbach's α 系数都在 0.694～0.897。由此可见，除了职业承诺量表外，其他总量表的 Cronbach's α 系数均超过标准 0.8，其他分量表的 Cronbach's α 系数大都达到标准 0.7，表明问卷信度较好，是比较稳定和可靠的。

本书使用 LISREL8.7 进行验证性因子分析来衡量各个量表的效度。分析结果如下：组织学习、个人学习、个人责任、组织绩效和职业成功的各个题项的标准化负荷系数都达到标准 0.5。删除组织支持的题项 B2z、B17、B19，职业承诺的题项 H4，组织责任的题项 D12、D13 后，这三个量表各个题项的标准化负荷系数也都达到了 0.50 以上。综上所述，修正后的量表均满足要求，拟合结果比较理想。将修正后的量表再次进行可靠性分析，所有分量表的信度均远超 0.7。模型拟合指数，如表 5.1 所示。

表 5.1 模型拟合指数

χ^2/df	RMSEA	NFI	CFI	IFI	RMR	GFI
1.41	0.04	0.89	0.96	0.96	0.05	0.80

注：RMSEA 为近似误差均方根；NFI 为正规拟合指数；CFI 为比较拟合指数；IFI 为增量拟合指数；RMR 为残差均方根；GFI 为拟合指数

5.3.3 正式测试

以企业员工为调查对象，向 50 个企业发放调查问卷，每个企业发放管理者问卷和员工问卷各 5 份，经过筛选剔除，最后获得有效问卷各 216 份。

关于员工情况的调查样本中，在性别上，男性占 46.8%，女性占 53.2%；在工作年限上，工作 1～3 年和 7～10 年的员工均占 26.9%，4～6 年的占 29.1%，11 年以上的占 17.1%；在工作岗位属性上，技术/研发岗位占 21.8%，营销岗位占 20.9%，然后依次为生产、人事/行政和财务，分别占 15.7%、11.1%和 6.9%，其他岗位占 23.6%；从单位性质上，国有企业员工占 41.7%，民营企业和外资企业分别占 28.7%和 23.1%，其他类型企业占 6.5%。从总体上看，样本具有比较好的代表性。

5.3.4　统计分析与假设验证

（1）共同方法偏差检验。考虑到变量间的显著相关性，首先通过哈门氏单因素检验方法对所有指标进行探索性因子分析。非旋转因子分析结果表明，第一个因子的非旋转解释的方差仅为 26.67%，这不足以影响整体样本数据的质量，因此，不存在共同方法偏差。

（2）聚合检验。由于在本书中对组织层面变量的测量是通过组织管理者个体的回答获取的，所以需要先把个体层面的数据聚合到组织层面（即用一个组织中的单个或多个个体调查结果的平均数作为其指标），用以代表每个企业组织层面的情况（组织支持、组织学习、组织责任和组织绩效），并从组内同质性和组间差异性两个方面验证聚合的恰当性。单因素方差分析的结果显示，组织支持、组织学习、组织责任和组织绩效的组间均方和组内均方都存在显著差异，组内一致性系数的中值分别为 0.97、0.96、0.98 和 0.96，均大于标准 0.7。组间相关系数 ICC（1）分别为 0.36、0.29、0.39、0.36，均大于标准 0.12；ICC（2）分别为 0.97、0.95、0.97 和 0.97，均大于标准 0.5。表明各个变量在不同的组织中均有充足的内部同质性且可信度较高，满足“可聚合”前提（Greenhaus et al.，1990）。因此，数据在组织层次上的聚合是适当的和有效的。

具体处理时，让每个企业的每份员工问卷得分均与对应的均值相乘（组织支持均值与职业承诺得分相乘、组织学习均值与个人学习得分相乘、组织责任均值与个人责任得分相乘），得到的乘积项即为组合型双元性变量（James et al.，1984）：相互承诺、相互投入和共同担责。

（3）描述性统计分析。统计分析结果（表 5.2）显示组织支持和职业承诺的均值分别为 3.45 和 3.31，高于本书所使用的五点式量表计分的中数，表明所调查企业的组织支持水平较高，并得到了员工较高水平的职业承诺；组织学习和个人学习的均值分别为 3.44 和 3.42，高于本书所使用的五点式量表计分的中数，表明所调查企业的组织学习和个人学习水平均较高；组织责任和个人责任的均值分别为3.75和4.05，远高于本书所使用的五点式量表计分的中数，表明所调查企业承担了较高的组织责任，而员工也履行了很高的个人责任；组织绩效的均值为3.41，表明所调查企业的组织绩效情况较好；职业成功均值为3.31，表明调查对象对所取得的成就比较满意，具有积极的心理感受。

表 5.2　描述性统计分析结果

变量	均值	标准差	项目数	样本量
组织支持	3.45	0.37	21	216
职业承诺	3.31	0.63	9	216
组织学习	3.44	0.35	14	216
个人学习	3.42	0.57	12	216
组织责任	3.75	0.41	19	216
个人责任	4.05	0.54	18	216
组织绩效	3.41	0.42	10	216
职业成功	3.31	0.64	11	216

（4）相关分析。采用 Pearson 相关系数来判断各变量之间的相关性，统计分析结果见表5.3。

从表5.3中可以看到与组织绩效相关的人口统计学变量只有性别，与职业成功相关的人口统计学变量则只有工作年限。此外，组织层面的变量（组织支持、组织学习、组织责任）与相对应的个人层面的变量（职业承诺、个人学习、个人责任）之间，自变量相互承诺（组织支持与职业承诺的乘积）、相互投入（组织学习与个人学习的乘积）及共同担责（组织责任与个人责任的乘积）与因变量组织绩效、职业成功之间的相关系数均达到0.01的显著水平。

（5）回归分析。本书采取分层回归的方式，首先将人口统计学变量（性别或工作年限）作为第一组预测变量引入回归方程，然后先后将经过中心化处理后的相互承诺、相互投入、共同担责作为第二组预测变量引入回归方程，因变量分别为经过中心化处理后的组织绩效（控制变量为性别）和职业成功（控制变量为工作年限），并采用强制进入的自变量纳入方式。回归分析结果如表5.4所示。

表 5.3　变量间相关分析结果

项目	1	2	3	4	5	6	7	8	9	10	11	12	13	14	15
性别															
工作年限	–0.021														
工作岗位属性	0.201^{**}	0.115													
单位性质	0.189^{**}	–0.050	–0.028												
组织支持	0.083	–0.018	0.143^{*}	–0.117											
组织学习	0.051	–0.077	0.100	-0.144^{*}	0.791^{**}										
组织责任	0.132	–0.056	0.077	0.021	0.622^{**}	0.505^{**}									
职业承诺	0.100	–0.085	0.077	-0.143^{*}	0.744^{**}	0.638^{**}	0.450^{**}								
个人学习	0.063	0.015	0.034	-0.157^{*}	0.478^{**}	0.600^{**}	0.250^{**}	0.460^{**}							
个人责任	0.053	–0.018	0.092	–0.049	0.568^{**}	0.414^{**}	0.373^{**}	0.390^{**}	0.341^{**}						
相互承诺	0.095	–0.067	0.098	-0.141^{*}	0.876^{**}	0.757^{**}	0.515^{**}	0.966^{**}	0.517^{**}	0.468^{**}					
相互投入	0.066	–0.029	0.075	-0.160^{*}	0.679^{**}	0.849^{**}	0.387^{**}	0.607^{**}	0.927^{**}	0.419^{**}	0.700^{**}				
共同担责	0.107	–0.032	0.108	–0.011	0.708^{**}	0.565^{**}	0.787^{**}	0.501^{**}	0.381^{**}	0.858^{**}	0.591^{**}	0.508^{**}			
组织绩效	0.169^{*}	–0.058	0.069	–0.036	0.544^{**}	0.540^{**}	0.395^{**}	0.435^{**}	0.322^{**}	0.371^{**}	0.494^{**}	0.457^{**}	0.469^{**}		
职业成功	0.060	-0.152^{*}	–0.016	–0.038	0.528^{**}	0.448^{**}	0.290^{**}	0.426^{**}	0.367^{**}	0.559^{**}	0.492^{**}	459^{**}	0.523^{**}	0.356^{**}	

*表示 $p<0.5$；**表示 $p<0.01$

表 5.4　自变量分别对组织绩效、职业成功的层级回归

自变量	组织绩效			职业成功		
	标准化系数	t 值	显著性	标准化系数	t 值	显著性
人口统计学变量	0.169	2.503	0.013	–0.152	–2.249	0.026
	$R^2=0.028$			$R^2=0.023$		
相互承诺	0.482	8.133	0.000	0.484	8.164	0.000
	$R^2=0.259$ $\Delta R^2=0.231$ （Sig.F Change = 0.000）			$R^2=0.256$ $\Delta R^2=0.233$ （Sig.F Change = 0.000）		
相互投入	0.449	7.445	0.000	0.455	7.566	0.000
	$R^2=0.229$ $\Delta R^2=0.201$ （Sig.F Change = 0.000）			$R^2=0.230$ $\Delta R^2=0.207$ （Sig.F Change = 0.000）		
共同担责	0.456	7.558	0.000	0.518	8.980	0.000
	$R^2=0.234$ $\Delta R^2=0.206$ （Sig.F Change = 0.000）			$R^2=0.291$ $\Delta R^2=0.268$ （Sig.F Change = 0.000）		

相互承诺、相互投入和共同担责在对组织绩效预测上的 ΔR^2 值分别为 0.231、0.201、0.206，在对职业成功预测上的 ΔR^2 值分别 0.233、0.207 和 0.268，并且均达到 0.001 的显著水平，说明在排除人口统计学变量对组织绩效和职业成功的影响后，相互承诺、相互投入和共同担责对组织绩效、职业成功的正向影响均十分显著。因此，假设 5.1a、假设 5.1b、假设 5.2a、假设 5.2b、假设 5.3a 和假设 5.3b 均得到证明。

在上述三个研究的基础上，本书又进一步将相互承诺、相互投入和共同担责放入同一回归方程中，研究三者对组织绩效和职业成功的共同影响作用（其中，自变量与因变量均进行了中心化处理，并采用强制进入的自变量纳入方式）。分析结果，如表 5.5 所示。

表 5.5　自变量对组织绩效、职业成功的多元回归

自变量	组织绩效			职业成功		
	标准化系数	t 值	显著性	标准化系数	t 值	显著性
人口统计学变量	0.169	2.503	0.013	–0.152	–2.249	0.026
	$R^2=0.029$			$R^2=0.023$		
相互承诺	0.219	2.546	0.012	0.169	2.009	0.046
相互投入	0.176	2.189	0.030	0.168	2.134	0.034
共同担责	0.238	3.323	0.001	0.334	4.795	0.000
	$R^2=0.319$ $\Delta R^2=0.291$ （Sig.F Change = 0.000）			$R^2=0.354$ $\Delta R^2=0.331$ （Sig.F Change = 0.000）		

相互承诺、相互投入和共同担责在对组织绩效和职业成功的预测上，ΔR^2 值分别为 0.291、0.331，并且达到 0.001 的显著水平，再考察三者在结果变量上标准化回归系数对应的显著性水平，结果发现在排除人口统计学变量对组织绩效和职业成功的影响后，相互承诺、相互投入和共同担责能够显著预测组织绩效和职业成功。综上所述，假设 5.4 得到证明。

5.4　结论与讨论

5.4.1　结论

针对传统雇佣关系在雇佣理念、心理契约等方面面临的挑战，本书借鉴和运用组织支持理论、心理契约理论、个人-组织契合理论，从价值观层面、能力层面和需求层面构建了包括组织和员工相互承诺、相互投入、共同担责的新型雇佣关系结构模型。通过对 50 家企业管理者和员工的调查，各获得 216 份有效问卷，并运用 SPSS19.0 和 LISREL8.7 对样本数据进行了统计分析。通过相关分析证实自变量相互承诺（组织支持与职业承诺乘积项）、相互投入（组织学习与个人学习乘积项）、共同担责（组织责任与个人责任乘积项）与因变量组织绩效、职业成功均显著相关，部分人口统计学变量对组织绩效和职业成功存在影响：性别与组织绩效在 0.05 水平上显著相关，工作年限与职业成功在 0.05 水平上显著相关；一元回归分析结果证实在排除人口统计学变量的影响后，相互承诺、相互投入、共同担责对组织绩效和职业成功均具有显著的正向影响，并进一步证实了在新型职业生涯下，具有相互承诺、相互投入和共同担责的新型雇佣关系能够显著预测组织绩效和职业成功。

5.4.2　讨论

（1）构建相互承诺、相互投入、共同担责的新型雇佣关系的依据。传统雇佣关系只是站在组织视角，如 Tsui 等（1997）提出的激励-贡献模型。而新型雇佣关系的构建必须考虑新型职业生涯等给组织和员工带来的挑战与变化，必须改变传统雇佣关系站在组织立场的单一视角，而应站在组织和员工双重视角，既要考虑到组织的目标、利益需求，也要考虑到员工的目标和利益需求。要实现组织和员工的目标，满足各自的利益需求（实际上就是要达成个人-组织契合的双赢目标），就必须建立一种相互承诺、相互投入、共同担责的契约关系。

基于个人-组织契合理论，本书从价值观层面、能力层面和需求层面，比较了传统雇佣关系和新型雇佣关系的特征及变化，确定了相互承诺、相互投入和共同担责三个维度。其主要依据是：基于雇佣理念的变化，必须改变传统雇佣关系下组织通过组织社会化等单一做法的价值观，而应根据员工职业价值观、就业观念等变化，主动为员工发展提供组织支持；必须改变组织一味地期盼员工提高组织承诺的观念，而是要接受员工注重职业承诺这一变化。同样，在能力层面，组织要根据新型职业生涯等对员工的影响，通过组织学习等软硬件投入，为员工综合素质的提高服务；员工也应该主动学习，提高人力资本等可就业能力，适应多变的职业生涯环境。在需求层面，组织不能成为环境变化的奴隶，而应积极主动调整职业生涯管理策略，力所能及地承担员工的职业发展责任，同时，员工也要为自己的职业发展担责。

（2）区分相互承诺中员工的承诺是职业承诺还是组织承诺。国内外很多专家学者都对新型职业生涯下，员工职业态度和职业行为的变化进行了探究。从已有研究结果看，主要有三种观点：一是员工的组织承诺并没有因新型职业生涯的出现而发生根本性变化；二是新型职业生涯下，员工的组织承诺降低，转变为职业承诺；三是新型职业生涯下，员工的职业态度和行为受到众多因素的影响，难以确定更注重组织承诺还是职业承诺。Briscoe 和 Finkelstein（2009）的研究发现，易变性和无边界职业生涯态度并不一定导致较少的组织承诺，但员工的组织流动性偏好的确与组织承诺的三个维度（感情承诺、规范承诺、继续承诺）负相关。Çakmak- Otluoğlu（2012）的研究也发现组织流动性偏好与组织承诺的三个维度均呈负相关，同时还发现自我导向的职业生涯管理与感情承诺和规范承诺正相关，与继续承诺负相关；价值驱动的职业生涯导向与规范承诺负相关。Riveros 和 Tsai（2011）研究结果显示：组织承诺与职业承诺中度相关，两者可以相互预测。从上述研究结果看，新型职业生涯下组织承诺，在某种程度上受到了组织流动性偏好的影响而有所降低。员工能否做出组织承诺在很大程度上受到组织因素的影响，但是员工要想成功应对新型职业生涯的挑战，就必须要有较高的职业承诺。因此，在新型雇佣关系结构的相互承诺（价值观契合）中本书采用了职业承诺而非组织承诺。

（3）相互投入中的个人学习量表以“人力资本”替代“可就业能力”的原因。在新型职业生涯下，提高可就业能力已经成为组织和员工的共同责任。对个人而言，持久的可就业能力可以应对劳动力市场的变化和不确定性，获得满意的工作；对组织而言，员工的可就业能力能使组织更加适应环境变化，提高组织的弹性（郭志文，2006）。Fugate 等（2004）认为可就业能力就是识别工作机会、获取工作的能力。可就业能力由职业认同、个体适应性、社会资本和人力资本组成。其中，职业认同、个体适应性和社会资本均不涉及个人学习，因此，从员工个人学习的角度看，可就业能力的四个维度中，提高人力资本是重中之重。

（4）清楚共同担责的核心。共同担责的核心是组织和员工的发展责任，特别是两者应该共同承担的职业生涯管理责任。李原和孙健敏（2006）认为，组织中的心理契约是指在组织与员工的相互关系中，雇佣双方所感知到的彼此为对方承担的责任与义务。双方的责任均可划分为规范型责任、人际型责任和发展型责任三个维度。规范型责任强调雇佣双方明确、具体、基本的相互责任；人际型责任强调雇佣双方的社会联系、相互信赖与彼此尊重；发展型责任强调雇佣双方彼此对事业成功和事业发展承担的责任。在新型职业生涯下，发展型责任逐渐成为备受关注的焦点问题。虽然组织雇佣理念和员工职业价值观均发生了一些变化，但如果组织不再继续承担职业生涯管理责任，任由员工自我主导职业生涯管理，必然造成员工满意度和忠诚度下降、离职率增高、企业的用人成本增加、组织稳定性降低等一系列问题。因此，共同担责的核心是组织和员工共同承担职业生涯管理责任。

（5）理论和实践意义。本书站在组织和员工的双重视角，从价值观层面、能力层面和需求层面构建了相互承诺、相互投入和共同担责的新型雇佣关系结构模型，并通过实证分析探究了新型雇佣关系的三个维度对组织绩效和职业成功的影响。从个人-组织契合的视角构建新型雇佣关系结构，不仅丰富了雇佣关系理论，而且使个人-组织契合理论的价值得以拓展。本书基于新型职业生涯等对传统雇佣关系提出的挑战，以中国企业员工为研究对象，证实了组织与员工之间相互承诺、相互投入和共同担责的新型雇佣关系，对组织绩效和职业成功具有正向影响，为组织和员工建立新型雇佣关系提供了理论指导，也为组织和员工如何在新型职业生涯下实现提高组织绩效、达成职业成功的双赢目标提供了行动指南。

参考文献

蔡莉，尹苗苗. 2009. 新创企业学习能力，资源整合方式对企业绩效的影响研究[J]. 管理世界，（10）：1-10.

陈国权. 2008. 复杂变化环境下人的学习能力：概念、模型、测量及影响[J]. 中国管理科学，16（1）：147-157.

陈国权，马萌. 2000. 组织学习的过程模型研究[J]. 管理科学学报，3（3）：15-23.

陈国权，赵慧群. 2009. 中国企业管理者个人，团队和组织三层面学习能力间关系的实证研究[J]. 管理学报，6（7）：898-905.

陈国权，郑红平. 2005. 组织学习影响因素，学习能力与绩效关系的实证研究[J]. 管理科学学报，8（1）：48-61.

高书彦. 2007. 组织承诺与组织支持对员工工作绩效的影响研究[D]. 上海：上海交通大学.

郭文臣. 2011. 知识型员工可就业能力对职业成功的作用机制研究[D]. 大连：大连理工大学.

郭文臣. 2015. 新型职业生涯的挑战与应对[M]. 北京：科学出版社.

郭文臣，付佳，段艳楠. 2014a. 社会资本和人力资本对职业成功的影响：个人-组织契合的中介作用[J]. 预测，33（4）：15-20.

郭文臣，田雨，孙琦. 2014b. 可就业能力中介作用下的个人-组织契合对职业成功和组织绩效的影响[J]. 管理学报，11（9）：1333-1339.

郭志刚. 2007. 无边界组织下雇佣关系研究[D]. 成都：西南财经大学.

郭志文. 2006. 无边界职业生涯时代的就业能力：一种新的心理契约[J]. 心理科学，29（2）：485-486.

李原. 2002. 员工心理契约的结构及相关因素研究[D]. 北京：首都师范大学.

李原，孙健敏. 2006. 雇用关系中的心理契约：从组织与员工双重视角下考察契约中“组织责任”的认知差异[J]. 管理世界，11（10）：101-110.

凌文辁，欧明臣. 2010. 企业员工自我职业生涯管理与组织职业生涯管理初探[J]. 广州大学学报（社会科学版），9（4）：38-45.

凌文辁，杨海军，方俐洛. 2006. 企业员工的组织支持感[J]. 心理学报，38（2）：281-287.

龙建，龙立荣. 2002. 护士的职业承诺研究[J]. 中华护理杂志，37（11）：819-821.

龙立荣，毛忞歆. 2007. 自我职业生涯管理与职业生涯成功的关系研究[J]. 管理学报，4（3）：312-317.

龙立荣，方俐洛，凌文辁，等. 2000. 职业承诺的理论与测量[J]. 心理学动态，8（4）：39-45.

王勃琳. 2012. 理念型心理契约对员工行为的影响研究[D]. 天津：南开大学.

王春艳，袁庆宏. 2010. 关键员工知识与组织动态能力交互迁移模型——基于组织学习机制[C]. 第五届（2010）中国管理学年会——组织与战略分会场论文集.

王凯. 2008. 心理契约对企业员工绩效影响的实证研究[D]. 北京：中国人民大学.

王震，孙健敏. 2012. 核心自我评价，组织支持对主客观职业成功的影响：人-情境互动的视角[J]. 管理学报，9（9）：1307-1313.

王忠军. 2006. 企业员工社会资本与职业生涯成功的关系研究[D]. 武汉：华中师范大学.

吴继红. 2006. 组织支持认知与领导—成员交换对员工回报的影响实证研究[J]. 软科学，20（5）：63-66.

吴绍棠，李小星. 2005. 双向忠诚的实现及诚信体系的建立[J]. 中国人力资源开发，（7）：36-39.

余琛. 2009. 知识型人才组织支持感，职业承诺和职业成功的关系[J]. 软科学，23（8）：107-109.

张喆，万迪昉，贾明. 2008. 组织责任与组织公民行为之间关系的实证研究——以高科技生物制药行业为例[J]. 科技管理研究，28（6）：258-260.

周文霞. 2007. 基于知识经济背景的职业成功研究[J]. 中国人民大学学报，（4）：71-77.

Allen D G，Shore L M，Griffeth R W. 2003. The role of perceived organizational support and supportive human resource practices in the turnover process[J]. Journal of Management，29（1）：99-118.

Argyris C，Schön D A. 1996. Organisational Learning Ⅱ：Theory，Method and Practice[M]. Boston：Addison-Wesley.

Ballout H I. 2007. Career success：the effects of human capital，person-environment fit and organizational support[J]. Journal of Managerial Psychology，22（8）：741-765.

Briscoe J P，Finkelstein L M. 2009. The "new career" and organizational commitment：do boundaryless and protean attitudes make a difference？[J]. Career Development International，14（3）：242-260.

Çakmak-Otluoğlu K Ö. 2012. Protean and boundaryless career attitudes and organizational commitment：the effects of perceived supervisor support[J]. Journal of Vocational Behavior，80（3）：638-646.

Chang E. 1999. Career commitment as a complex moderator of organizational commitment and thrnover intention[J]. Human Relations，52（10）：1257-1278.

Eby L T，Butts M，Lockwood A. 2003. Predictors of success in the era of the boundaryless career[J]. Journal of Organizational Behavior，24（6）：689-708.

Eisenberger R，Huntington R H，Sowa S D. 1986. Perceived organisational support[J]. Journal of Applied Psychology，71（31）：500-507.

Fugate M，Kinicki A J，Ashforth B E. 2004. Employability：a psycho-Social construct，its dimensions，and applications[J]. Journal of Vocational Behavior，65（1）：14-38.

Goh S，Richards G. 1997. Benchmarking the learning capability of organizations[J]. European Management Journal，15（5）：575-583.

Greenhaus J H，Parasuraman S，Wormley W M. 1990. Effects of race on organizational experiences，job performance evaluations，and career outcomes[J]. Academy of Management Journal，33（1）：64-86.

Huselid M A. 1995. The impact of human resource management practices on turnover，productivity，and corporate financial performance[J]. Academy of Management Journal，38（3）：635-672.

James L R，Demaree R G，Wolf G. 1984. Estimating within-group，interrater reliability with and without response bias[J]. Journal of Applied Psychology，69（1）：85-98.

Kim D H. 1993. The link between individual and organizational learning[J]. Sloan Management Review，35（1）：37-50.

Kolb D A. 1984. Experiential learning：experience as the source of learning and development[J]. Pearson Education，1（3）：16-17.

Lee K，Carswell J J，Allen N J. 2000. A meta-analytic review of occupational commitment：relations with person-and work-related variables[J]. Journal of Applied Psychology，85（5）：799.

Lee P C B. 2002. Career goals and career management strategy among information technology professionals[J]. Career Development International，7（1）：6-13.

Lou Y，Abrami P C，D'Apollonia S. 2007. Small group and individual learning with technology：a meta-analysis[J]. Review of Educational Research，71（3）：449-521.

Meyer J P，Allen N J. 1991. A three-component conceptualization of organizational commitment[J]. Human Resource Management Review，1（1）：61-89.

Morrison E W，Robinson S L. 1997. When employees feel betrayed：a model of how psychological contract violation develops[J]. Academy of Management Review，22（1）：226-256.

Murray P，Moses M. 2005. The centrality of teams in the organisational learning process[J]. Management Decision，43（9）：1186-1202.

Poon J M L. 2004. Career commitment and career success：moderating role of emotion perception[J]. Career Development International，9（4）：374-390.

Riveros A M M，Tsai T S T. 2011. Career commitment vs organizational commitment：a comparison between for-profit and non-profit sectors[C]. International Conference on Management（ICM 2011）Proceeding of Conference Master Resources.

Rousseau D M. 1989. Psychological and implied contracts in organizations[J]. Employee Responsibilities and Rights Journal，2（2）：121-139.

Rousseau D M. 2003. Extending the psychology of the psychological contract a reply to "putting psychology back into psychological contracts" [J]. Journal of Management Inquiry，12（3）：229-238.

Schultz T W. 1961. Investment in human capital[J]. The American Economic Review，51（1）：1-17.

Shore L M，Barksdale K. 1998. Examining degree of balance and level of obligation in the employment relationship：a social exchange approach[J]. Journal of Organizational Behavior，（19）：731-744.

Tsui A S，Pearce J L，Porter L W，et al. 1997. Alternative approaches to the employee-organization relationship：does investment in employees pay off? [J]. Academy of Management Journal，40（5）：1089-1121.

Turnley W H，Bolino M C，Lester S W，et al. 2003. The impact of psychological contract fulfillment on the performance of in-role sand organizational citizenship behaviors[J]. Journal of Management，29（2）：187-206.

Venkatraman N，Ramanujam V. 1986. Measurement of business performance in strategy research：a comparison of approaches[J]. Academy of Management Review，11（4）：801-814.

Walton R E. 1985. Toward a Strategy of Eliciting Employee Commitment Based on Policies of Mutuality[M]. Boston：Harvard Business School：35-65.

Whitely W，Dougherty T W，Dreher G F. 1991. Relationship of career mentoring and socioeconomic origin to managers' and professionals' early career progress[J]. Academy of Management Journal，34（2）：331-350.

第 6 章　个人–组织的相互承诺

6.1　个人价值观与组织价值观的概念界定

6.1.1　个人价值观

个人价值观是指一个人对周围的客观事物（包括人、事、物）的意义、重要性的总评价和总看法。在一个组织中的个人指的是员工，即员工个人价值观。

文晓立和陈春花（2013）从组织行为学视角，对个人价值观进行了界定和结构划分。按照价值观的分析层面或主体角度，个人价值观被认为是管理者和雇员的一种个体的心理现象和个体的社会心理现象，区别于组织层面上，企业员工共同信奉的组织价值观，也不同于文化层面上，会影响管理活动或管理决策模式的文化价值观。组织行为学对个人价值观的研究并不过多刻意考察文化、社会、时代的特点，文晓立和陈春花（2013）认为，个人价值观是组织中个体的“信仰体系”和“深层建构”，是个体心理结构的核心特征，将个人价值观与态度、行为的关系作为主要研究对象。具体而言，组织行为学者更强调对管理者和雇员各种组织行为的个体深层心理原因与类型的探索，更侧重于研究个人价值观对员工态度和组织行为具有的导向作用。其核心观点是个人的价值观和态度影响人们对情境的感知与归因，进而通过具体的组织行为对组织绩效表现产生关键作用。

对个人价值观的结构与内涵的解释可谓见仁见智。Super（1962）比较完整地阐述了工作价值（work values）的结构理论，将工作价值划分为三类：一是内在价值，指与工作本身有关的一些因素；二是外在价值，指与工作本身性质无关的一些因素；三是外在报酬。Rokeach（1973）将人的价值观分为终极性的价值观和工具性的价值观，二者相互体现与依存。Ros 等（1999）提出了内在价值、外在价值、社会价值和威望价值四个维度。Elizur 和 Sagie（1999）结合层面理论提出生活价值观的三个层面，即价值形态、聚集度和生活领域。Ros 等（1999）从价值形态层面划分，提出工作价值观概念及其四种类型：内向、外向、社会和声望。

宁维卫（1996）实证研究发现，工作价值观结构包括进取心、生活方式、工作安全、声望和经济价值五个维度。凌文辁和方俐洛（1999）采用自制的职业兴趣量表对 408 名大学生的工作价值观测量后进行主成分分析，将工作价值观模型分为三个因素：声望地位因素、保健因素和发展因素。金盛华和李雪（2005）借鉴了 Rokeach（1973）的划分方法，将大学生工作价值观划分为目的性工作价值观和工具性工作价值观两类。目的性工作价值观是指个体评价和选择职业的内隐的动机性标准；工具性工作价值观是指个体评价和选择职业的外显的条件性标准。前者分为家庭维护、追求地位、成就实现和社会促进，后者包括轻松稳定、兴趣性格、规范道德、薪酬声望、职业前景和福利待遇。朱青松和陈维政（2005）认为，一个组织中员工个人的价值观形成主要受到文化历史、社会思潮和个体自身特征因素的影响。由于工作价值观是员工价值观的重要方面，窦运来和黄希庭（2012）认为工作价值观是个体衡量工作行为与结果优劣及其重要性的内心尺度，是个体对待工作的信念，反映了个体的内在需求及偏好，引导着个体对待工作的态度倾向行为准则和目标追求。所以，将工作价值观也纳入其中，作为个人价值观形成的第四个层次，即可以从文化层次、社会层次、个体层次、工作层次分析员工的价值观体系构成。

在已有研究中，对员工个人价值观的研究主要围绕工作价值观、职业价值观等开展。虽然各种研究中对个人价值观的称谓不同，但内容却大同小异。因此，本书中的个人价值观侧重于职业价值观（包含工作价值观）。

对于职业价值观这一词的研究，最早可以追溯到 20 世纪 50 年代，其在国外学者的职业发展理论中曾出现过。虽然这些年关于职业价值观的研究文献众多，但是始终无法在学界内给出一个统一的定义。学者们都从各自的角度来对职业价值观进行阐述，于是在国内外出现了众多学者的研究。

Super（1970）从哲学的角度出发，认为职业价值观是个人的一种目标追求，这种追求与其工作内容相关，反映了个人内心对工作成果的渴望与对所从事工作特质或属性的追求。Kalleberg（1977）则从实际情况的角度出发，以工作对人的满足状况来定义职业价值观，他认为：职业价值观是个人在工作中所追求的价值和意义所在，包括内在动机、便利性、同事关系、生涯、资源充足性五个方面的因素。Elizur（1984）认为职业价值观是个体关于工作行为及其从工作环境中获得的某种结果的价值判断，是一种直接影响行为的内在思想体系。Ros 等（1999）在对职业价值观进行研究时则选取了从职业本身属性的视角出发，认为职业价值观是人们对工作中所获得的终极状态（如收入高低等）或行为方式（如同事合作等）的信念。从国外的这些文献可以看出，研究者对职业价值观的研究经历了从哲学思辨到与实践应用相结合的发展过程。

我国学者对于职业价值观的研究起步虽然较晚，但是也有几种具有代表性的说法。国内学者宁维卫（1996）认为，职业价值观是指人们衡量社会上的各种职业优势、意义和重要性的内心尺度，属于个性倾向性的范畴，他强调了工作价值观的社会性。凌文栓和方俐洛（1999）从个人角度出发，认为职业价值观就是价值观在从业过程上的体现，它反映了人们对自身所从事职业的态度及价值取向。余华和黄希庭（2000）则从职业价值观的作用角度对其进行了定义，认为职业价值观是人们衡量社会上某种职业优劣和重要性的标准尺度，个人通过树立职业价值观来对自身进行分析与职业选择，并为今后的工作方向和目标提供指引。于海波和张大均（2001）将以上两个角度进行了适当的结合，认为职业价值观属于个性倾向的范畴，是个体一般价值观在其所从事职业中的体现，对人们的职业选择与工作态度都具有决定性的影响，是个体在长期的社会变化中所获得的关于职业经验和职业感受的结果。金盛华和李雪（2005）认为，职业价值观是个体评价和选择职业的标准。

综上所述，国内外学者的研究虽然是从不同的角度来对职业价值观进行界定，但是无非都是从内在价值或外在价值的角度解读职业价值观，相同的是，职业价值观对个人的工作追求与工作态度都具有极大的影响作用。立足于马克思主义哲学，职业价值观是根据自身的需要，对职业属性的评价和看法，既包括评价方法与标准，也包括个性倾向，反映的是职业属性对人的自身需求的满足关系。职业价值观一般具备如下几个方面的属性。

1. 主观性

虽然职业属性具有客观性，但由于人的需求是主观的，所以人们在对其职业属性进行价值判断时往往依据自己建立的一套标准，并在职业选择时带有一定的个人偏好性，在这个选择与评判过程中逐渐形成的职业价值观具有主观性。职业价值观建立在个人需求的基础上，反映了人们对其职业的需求。而人们的主观需求随时都有可能受到外界环境的影响而改变，那么相应地职业价值观也会随之改变。另外，职业价值观也具有主观能动性，可以对人的需求起到调节作用。具体表现在：当人的需求不能被职业属性所满足时，但是又受到外界条件的限制没有好的职业选择时，人们会自觉降低自身内在需求的强度，暂时接受职业属性。

2. 差异性

职业价值观本质上是人关于职业属性对自身需求满足状况在头脑中的反映。而需求反映出人们对现实中欠缺事物的一种渴望，是一种心理倾向，更是形成职业价值观的心理基础。马斯洛需求理论列举了人们的五种需求类别，但是不同的人在不同时期受到不同的环境等因素的影响，其需求的变化也会更加多样，各有差异和侧重，即便需要相同，但在层次、稳定性、强度等方面也会有所不同。同时，现实世界中各种职业就其属性而言也是各具特色的。不同个体有着不同的需要，有着不同的内心世界，所形成的职业价值观的具体表现必然是丰富多彩、各具特色的。

3. 稳定性

职业价值观是一种较稳定的人生态度，反映着人们深层次的思想意识。它会随着人能力的提高、阅历的增加、认知水平的提升而走向成熟直到稳定，逐步形成自身对职业世界的总体认知和评价。人的职业价值观的形成需要一个漫长的时期，一旦形成，就会作为一种人生观根植于思想深处，不容易改变，具有持久性并相对稳定。

4. 阶段性

人的职业价值观形成之后便具有持久性和稳定性，但是并不是固化在某种阶段或状态。人的物质条件和精神世界会随着时代的变迁、环境的改变、阅历的积累发生变化。在不同人生阶段，会经历职业生涯的建立期、发展期、维持期和衰退期，不同时期的不同境遇都会对其职业需求产生影响，潜移默化地改变其职业价值观。特别是在经历过某些重要选择和事件后，人们的思想观念会发生转变，彻底改变其已经形成的职业价值观，从而寻求新的职业方向和发展。

5. 可塑性

一切价值观都是人的大脑对外部物质条件和现实世界的反映。职业价值观就是人们对职业属性的具体反映。职业价值观最先形成于人们对其职业外在属性的感性认知，经过实际参与工作形成对职业内容的理性认知，再由其理性认知总结的经验来指导自身职业发展等实践活动。但是，人在形成职业价值观的过程中需要经历很多选择和困难，需要人们根据自身实际情况反复推敲验证，形成最符合自身发展需求的职业价值观。另外，人们的认知能力、认知深度和广度极大地影响着职业价值观的形成，因此，人们可以通过不断学习、补充新知识来对其职业价值观进行塑造和完善。

6.1.2　组织价值观

组织价值观又称组织的价值观念，是组织文化的核心，对它的研究随着组织文化理论的发展而发展。Rokeach（1979）认为组织价值观定义了组织最显著的特征，是群体对整个组织代表性的、引以为豪的和具有本质价值的信念。Wiener（1988）认为，组织价值观是组织成员共享的价值和社会信念体系；这些价值观体系以象征性的符号（如神话、典礼仪式、故事、传说和特定语言）等形式展现出来。郑伯埙（1990）将组织价值观界定为组织成员所共有并内化的规范性信念。Padaki（2000）认为，组织成员普遍地将组织事业及实现方式转化为持续实践的信念集合，即组织价值观。所谓组织价值观就是组织在经营管理过程中所推崇的基本信念和奉行的目标，是组织成员对某种事物正确与否的认识，它决定着员工的行为取向和是非判断标准。

对于组织价值观的结构与内涵，学者们各抒己见。Stubbart 和 Enz（1986）强调专业主义、对环境的适应及员工士气等。Calori 和 Sarnin（1991）把组织价值观分为两类：一类是经济价值观，包括公司的绩效、员工的投入、专业技能、与客户的联系；另一类是精神价值观，包括对变化的态度、个体之间的协作、独立工作、重视社会环境、团结性、自我管理、凝聚力、个体与公司的关联性、个体之间的竞争。我国台湾学者郑伯埙（1990）强调科学求真、顾客取向、卓越创新、甘苦与共、团队精神、正直诚信、表现绩效、社会责任和敦亲睦邻等。每一家企业有不同的价值观取向，侧重的方面不同。根据企业价值观取向方面涉及条目的实现度测量，可以判断企业价值观的实现程度。

组织价值观是组织文化研究的核心。Ushijima（2016）指出，多元化和组织是企业价值的重要决定因素。

通过对服务性组织的深入研究，McCroskey 等（1985）确认了组织文化的三种价值观，分别是顾客导向、员工导向和经济导向。之后，Badovick 和 Beatty（1987）进一步指出，重视经济目标的同时，应高度重视成员并与所有成员积极沟通。我国台湾学者郑伯埙（1990）通过开放式访谈等方法，以台湾电子公司员工为研究对象，研究结果呈现九维度结构，分别是：科学求真、顾客取向、卓越创新、甘苦与共、团队精神、正直诚信、表现绩效、社会责任和敦亲睦邻；其内部一致性系数为 0.60～0.79。进一步研究发现，它们聚合到两个高阶维度：外部适应（包括社会责任、敦亲睦邻、顾客取向和科学求真）与内部整合（包括正直诚信、表现绩效、卓越创新、甘苦与共和团队精神），从而构建了组织文化价值观量表（values in organizational culture scale）。

Voss 等（2000）研究了非营利性剧院的组织价值观，其五个核心价值观维度分别是：亲社会维度（如扩大公众对艺术的了解和赏识）、艺术性维度（如内在驱动的艺术创造、创新和独立）、经济维度（如确保剧院的安全和经济稳定）、市场维度（如致力于顾客满意）和实现维度（如争取公众评价优秀）。王莉娟（2007）调查我国西南地区企业的价值观，研究发现其包括八个维度：企业成就感、科学管理、企业道德感、企业安全性、创新进取、团队合作、品质卓越、企业认同感。内部一致性系数在 0.637～0.847，量表符合心理测量学要求。研究限于我国西南地区，调查了员工重视的企业价值观，且多个项目在不同因素上重合较高。基于前人研究，魏钧（2008）研究了中国传统文化影响下的组织价值观。通过开放式问卷、访谈等方式收集项目（项目以行为描述为主），因素分析呈现出八因素结构，分别为客户导向、社会责任、创新精神、变中求胜、争创一流、遵从制度、平衡兼顾、和谐仁义。内部一致性系数在 0.67 以上，总体方差解释量为 71.028%，修正模型符合要求，可以接受"从以上组织价值观的相关研究可以发现：优秀的组织普遍具有一系列独特明确的组织价值观；不同组织由于所处行业和性质的差异，其价值观内容与维度有重合也有差异，有区别也有联系"（刘华成，2009）。

美国兰德公司的专家们花了 20 多年的时间，跟踪了世界 500 家大公司，最后发现其中百年不衰的企业的一个共同特点：它们不再以追求利润为唯一的目标，有超越利润的社会目标；人的价值高于物的价值；共同的价值高于个人价值；社会价值高于利润价值；用户价值高于生产价值。

组织价值观的作用主要体现在以下几个方面。

（1）定位作用：价值观将组织追求的目标与社会价值联系起来，为组织在整个社会中定位；将员工个人的追求与组织目标联系起来，使个人在组织中有适当定位。

（2）决定作用：价值观决定组织的基本特征、经营风格、管理特色及每个员工的行为取向。

（3）支柱作用：价值观是组织最重要的精神支柱。

（4）激励作用：价值观是员工积极向上的信念，激励员工努力去实现这些信念。

（5）整合作用：价值观是组织进行整合的纽带，是解决问题的基础，是弥合人际关系裂痕的良药。

组织价值观主要分三个层次：面向组织内部，即以人为本的价值观；面向组织外部，即面向顾客的价值观；面向组织内外混合型的，即不断创新的价值观。不同层面的组织价值观其重心、奉行的原则和目标追求各不相同（表 6.1）。

表 6.1　不同层面组织价值观的主要内涵一览表

价值观	类型	重心	奉行的原则	目标追求
以人为本的价值观	内向型：发掘内部资源	内部人力资源	尊重、关心、爱护每一个员工	把企业成功的希望寄托在员工身上
面向顾客的价值观	外向型：开发外部资源	顾客	顾客至上	把企业成功的希望寄托在顾客身上
不断创新的价值观	混合型：内求团结，外求发展	员工、顾客、市场	培育统一价值观	把企业成功的希望寄托在文化理念上

6.2　职业价值观的影响因素

Boyatzis 和 Skelly（1991）认为职业价值观受社会、文化、性别、经济地位等变量的影响而产生变化。黄希庭等（1994）将影响职业价值观的因素归结为内部因素和外部因素。内部因素包括人的需要、兴趣、能力、爱好、性格等，外部因素包括社会、家庭、学校等。凌文辁和方俐洛（1999）研究发现，不同性别的大学生在职业选择上对理想职业有较大差异。刘广珠和赵淑萍（2001）研究发现职业价值观受到年龄、性别、学历、职业兴趣的影响。郑洁和阎力（2005）又发现性别、能力、教育背景、所学专业等个人因素与职业价值观相关。

张再生（2007）把这些因素总结为三类，并认为职业价值观的分析可以从以下三个方面展开：①发展因素，包括符合兴趣爱好、机会均等、公平竞争、工作有挑战性、能发挥自身才能、工作自主性大、能提供培训机会、晋升机会多、专业对口、发展空间大、出国机会多等方面，这些职业要素都与个人发展有关，因此称之为发展因素；②保健因素，包括工资高、福利好、保险全、职业稳定、工作环境舒适、交通便捷、生活方便等方面，这些职业要素与福利待遇和生活有关，因此称之为保健因素；③声望因素，包括单位知名度、单位规模和权力大、行政级别和社会地位高等方面，这些职业要素都与职业声望和地位有关，因此称之为声望因素。职业价值观是一个复杂的、多维度的心理因素，对职业的选择和衡量有多种要素的参与，但各要素起的作用是不同的。以大学生群体为例，职业价值观越来越重视发展因素，而对保健因素和声望因素的重视程度则因人而异，差别较大。在职业价值分析和测定过程中，个人必须处理好职业价值观不同要素之间的关系，并根据不同时期、不同情况明确自己的职业核心需求，以便合理制订自己的职业生涯规划和相关策略。

员工职业价值观的形成是一个逐步调整与完善的过程。从静态上看，影响员工个体职业价值观的因素可划分为三个层面：个体层面、组织层面和社会层面。从组织行为学的角度看，个体层面影响员工职业价值观的因素包括个性、态度、动机、职业承诺、职业生涯目标、职业选择行为、职业成功标准等。组织层面影响员工职业价值观的因素包括组织文化、职业生涯文化、组织承诺、组织认同、组织支持、组织公平、组织公民行为、满意度和忠诚度等。社会层面影响员工职业价值观的因素包括传统文化、法律、制度、规范、风俗习惯等。从动态上看，影响员工个体职业价值观的因素可划分为三个阶段：职业探索阶段、职业确立阶段和职业维持阶段。在职业探索阶段，员工的价值观主要受到个体因素和组织因素的影响。例如，个人的兴趣偏好、组织社会化、组织性质、组织已有声誉等都会影响员工职业价值观。这一阶段，员工的职业价值观通常比较模糊，因此，也容易受到周边人员的影响而改变自身原有的职业选择标准。在职业确立阶段，职业价值观已经变得十分清晰，员工通常知道自己为什么要工作、为谁工作、如何工作，以及怎样工作才有价值和意义。在职业维持阶段，员工的职业价值观可能会发生一些改变。一部分员工仍然不忘初心，固守自己的职业价值观，但又会有一部分员工由于身体或其他原因降低了职业忠诚度，不再像以前那样尽心竭力，其工作效率大大降低，对工作的投入和组织的贡献有减少的趋势。

从已有研究及新型职业生涯和雇佣关系面临的挑战来看，影响职业价值观的因素归结起来主要有以下几个方面。

6.2.1　职业文化与职业信号

Hall 和 Yip（2016）提出员工的职业价值观受职业文化和实践的影响很深。一个组织的职业文化是一种强有力的资源，是社会信息的传送器，塑造了个人职业动机、决策和行为。职业文化是组织文化的一部分，它显示了组织中什么是有价值的，以及职业成功的信仰和惯例。能够反映职业文化的是职业生涯信号或职业信号。人们常常在组织中寻找关于有价值的职业生涯结果及貌似可行的职业生涯道路的职业信号。这些信号可以在组织内部表达事关职业生涯的政策、薪酬、文化产品和有关职业优先级的实践中被发现。这些信号来源都是一个组织的职业文化的一部分——形成或塑造组织中职业生涯意义的共同标准、提出的假设和人工创造的职业生涯通道等文化产品。职业信号提供给组织塑造员工及如何评估和制定组织内部职业的信息，它们也是个人了解和解读组织职业文化的媒介。通过告知个人某些类型的行为将导致的特定的职业成果来影响其行为结果。

职业信号包含组织重视的与职业相关的行为和产出的重要信息，同时也包含关于职业身份和有关公司里的职业生涯中提升职业发展路径的信息。Hall 和 Yip（2016）将职业信号分为两个基本的维度，聚焦四种不同的组织信号。这两个维度涉及与工作环境有关的两套基本人类需求或者个人取向。一个维度描述了对某个给定的人最重要的需求的种类和相关的奖励回报：内在或外在的。外在的奖励是指由外部代理人（如您雇佣的组织）管理的。外在的奖励包括金钱或薪酬、晋升、地位或荣誉，如头衔、奖励和公众认可。内在的奖励是一个人内心的体验，如完成一项具有挑战性的任务的自豪感，一个人帮助另一个人而增长的见识，以及在工作或事业中达到卓越水平的自尊。具有高度内在价值的职业文化是评估和奖励自我指导及被个人价值观指导的职业行为的文化。而具有高度外在价值的职业文化是那些重视可见成就、荣誉、外部认同和地位的职业文化。另一个维度是同化与分化——代表了两个与组织相关的从根本上相反的方式。人们对雇主的一种态度是，他们有可能有动力参与到组织的一部分，成为“内部人”，这是同化方向。组织社会化属于此类范畴。分化是强调独特性或个性化的，分化在创意环境中很常见，因为它们被认为能够创造更多具有创造性的工作产品。职业信号的维度及其职业文化模式，见表 6.2。

表 6.2 职业信号的维度及其职业文化模式

项目	同化：走向共同的身份	分化：走向独特的身份
内在	学徒文化	多样式文化
	“学习拉绳（初学乍练）”职业文化	“发现你自己”职业文化
	（例如，贝恩咨询公司和西点军校，这类组织提供结构化的职业发展道路，重点是内在的职业价值观）	（例如，谷歌公司和捷步集团，这类组织授权员工描绘自己的职业生涯路径）
外在	威望文化	绩效文化
	“只做最好的”职业文化	“证明你自己”职业文化
	（例如，高盛集团和摩根士丹利，这类组织具有高选择性并提供强有力的财务生涯奖励）	（例如，通用电气公司、美国 CVS 公司、宝洁公司和约翰逊维尔香肠公司，这类企业奖励独特性和个人成就）

概括起来，职业文化包括四种类型：学徒文化、多样化文化、威望文化和绩效文化。每一种职业文化都有其独特性，Hall 和 Yip（2016）从明确的职业信号/职业信息、隐性职业信号/组织实践、有可能的契合等三个方面，比较分析了四种不同职业文化的特征（表 6.3）。

表 6.3 职业文化特征

项目	学徒文化	多样式文化	威望文化	绩效文化
描述	同化重点，强调内在职业价值观	分化集中，强调内在职业价值观	同化重点，强调外在职业价值观	分化集中，强调外在职业价值观
明确的职业生涯信号/职业信息	学习拉绳(初学乍练)	发现你自己	只做最好的	证明你自己
	获取程序	用心追求你的道路	你的网络很重要	只有最强才能生存
	我们将发展代表我们核心价值观的领导者	你想干什么	加入俱乐部	进步或者出局
隐性职业生涯信号/组织实践	有组织地组织协调	灵活的职业道路	高度针对性的招聘	以性能测量的创新方法而闻名
	传统指导	轮岗职位	重视学历	根据表现给予报酬
	接班人计划	内部职业公告牌	高社会地位作为职业成功的标志	进步或者出局
	—	员工发起职业机会	—	从内部推进
	—	可选职业发展资源	—	—
	—	获得自主权，为员工绘制独特的职业道路的经理们	—	—
	—	以员工为本的职业文化	—	—

续表

项目	学徒文化	多样式文化	威望文化	绩效文化
隐性职业生涯信号/组织实践	—	组织关注个体员工的优势和兴趣	—	—
有可能的契合	重视内在奖励并倾向于在预先存在的职业结构中吸收的“忠实公民”	重视内在的回报并倾向于与自己区分开来的“寻路者”	评估外在奖励的“血统专业”，并倾向于在预先存在的职业结构中吸收	重视外在奖励并倾向于与其他人区别开来的“有抱负的成就者”

6.2.2　组织承诺与职业承诺

1. 组织承诺

承诺的概念是美国学者 Becker 于 1960 年基于单边投入理论而提出的(Becker，1960)。该概念提出后得到了广泛的关注与研究，尤其是在组织行为领域，因为组织承诺对员工的离职有显著的预测作用（Solinger et al.，2008)。伴随着组织承诺概念的发展，20 世纪 70 年代 Porter 等（1974）学者认为，组织承诺的基础不仅是基于经济交换关系的单边投入，更是基于情感依赖的对组织的依附。在此基础上，O' Reilly 和 Chatman（1986）提出了三维度组织承诺模型，即服从、认同和内部化，组织承诺由此从单一维度发展到多维度结构。20 世纪 90 年代，Allen 和 Meyer（1990）提出了最具代表性的三维度组织承诺，即情感承诺、规范承诺和继续承诺。三维度承诺是相互独立的，情感承诺描述雇员对组织的认同、融入与感情上的依附；规范承诺描述雇员对于组织的责任感；而继续承诺描述雇员对离开组织成本的感知。此三维度承诺很好地区分了组织承诺产生的基础，随后的研究大多是基于该承诺框架对其进行发展（Cohen，2007；Somers，2009)。在三维度承诺中，情感承诺受到的关注较多，Meyer 等（2002）指出，情感承诺与规范承诺有较强的相关性，且情感承诺与结果变量的相关性更强。Ng 和 Feldman（2010）的研究也表明，情感承诺对员工有最为直接的影响，而且是员工组织关系的重要指标。鉴于此，本书选取员工对组织的情感承诺作为研究聚焦。

2. 职业承诺

职业承诺的研究始于 20 世纪 80 年代，对这一概念的理解，学者们有着不同的认识。Blau（1985）将职业承诺定义为“个人对职业或专业的态度”，即留在现有职业的意愿和对现有职业的喜爱。Vandenberg 和 Scarpello（1992）认为，职业承诺指的是一个人与其所从事的职业之间的一种心理联系，即“一个人对他所选择的职业或工作价值的信念和接受程度，以及保持成为某一职业成员的意愿”。de Jong（1999）则认为职业承诺是个人卷入职业的程度，它是个人生活和生涯的中心，关注的是将来的职业定位与长期的规划。可见国外学者主要是基于对职业的情感、态度和行为等方面来研究职业承诺的。

我国国内学者龙立荣和李霞（2002）则界定职业承诺为个人对职业或专业的认同和情感依赖、对职业或专业的投入及对社会规范的内化而导致的不愿变更职业的程度。龙建等（2002）认为，职业承诺是个人承受某种职业责任的允诺，是个人在内心与自己目前从事的职业签署的“心理合同”，即个人对自己所从事的某种职业的主观态度，它涉及个体维持现有职业的原因和态度，并常常与职业认同、情感依赖、投入（时间、精力等）及社会规范的内化有关，由规范承诺、情感承诺和代价承诺组成。

根据相关文献，职业承诺的结构可分为单维态度论、动机论和多维态度论三类，相应地也产生了不同的职业承诺测量工具。例如，Blau 就是单维态度论的代表人之一，他从情感的角度来诠释职业承诺，并从 Price 和 Mueller 的专业承诺、Downing 的职业承诺，以及 Liden 和 Grenn 的职业取向问卷中精炼题项，开发了一个有八个题项的职业承诺量表。Morrow 和 Wirth 则将态度和行为两者结合起来考虑，采用 Porter 和 Mowday 提出的测量组织承诺的方法来开发问卷（Porter et al.，1974）。结果显示，题项负荷在专业认同和卷入、不想留在该专业两个因子上，因此认为职业承诺是单维的。Hall 和 London 则是动机论的代表人物，他们从事业心的角度去理解职业承诺，认为职业承诺是在职业认同基础上追求职业成就的动机强度，其包括三个部分，即职业认同、职业洞察力和职业弹性（London，1983；Hall，1971）。Noe 等（1990）按照此结构编制了一个职业动机问卷，分析显示，各分量表的题项与其所属分量表有较高的相关度。London 根据自己所编制的职业动机问卷进行研究，经分析有三个因子，与预想的结构一致，且信度较好，不过三个因子间的相关度较高。Carson 和 Bedeian 则将其中的职业洞察力改为职业规划后开发了一个量表，并同 Meyer 等的情感组织承诺和工作卷入问卷一起施测，结果得到了五因子的构想，说明该问卷具有较好的区别效度（Carson and Bedeian，1994）。龙立荣和李霞（2002）在对职业承诺的研究中指明，职业承诺与职业动机的区别还是很大的，应将二者区别开来使用，承诺于某一职业并一定要有事业心，职业承诺只是事业心产生的一个必要条件。多维态度论是基于人们离职受多方面的影响来考虑的。Allen 和 Meyer（1990）将之前对组织承诺的研究引入职业承诺当中，编制了一个有 18 个题项的职业承诺问卷，由情感承诺、继续承诺和规范承诺三个因子构成。经验证性因子分析，证实该三因素模型具有较好的拟合效度（Allen and Meyer，1990）。Irving 等（1997）

的进一步研究支持了 Meyer 等的观点。在此基础上，Blau（2001）又进一步提出职业承诺的四维结构，即情感承诺、规范承诺、累积成本和选择限制，他们按照 Carson 和 Bedeian 的职业承诺量表将继续承诺分为累计成本和选择限制职业承诺两个维度（Blau，2003）。不过 Blau 等开发的职业承诺量表还有待在今后的研究中进行进一步的证实。

国内学者龙立荣和李霞（2002）编制职业承诺问卷，对教师和护士的职业承诺进行研究，结果证实了 Meyer 的观点，即职业承诺包括三个维度——情感承诺、规范承诺和继续承诺，且具有较高的信度和效度。其他一些学者也都自行开发了职业承诺问卷，连榕和邵雅利（2003）认为职业承诺包括情感承诺、机会承诺、代价承诺和规范承诺；刘世瑞（2005）的研究结果表明，职业承诺包括理想承诺、义务规范承诺、机会代价承诺和现实价值承诺；刘耀中（2006）认为职业承诺包括情感承诺、继承承诺、规范承诺和理想承诺；陈世平和李斐斐（2006）的分析结果表明，企业员工的职业承诺包括情感承诺、规范承诺、代价承诺和选择限制承诺四个维度。

3. 组织承诺与职业承诺的关系

从国内外专家学者对新型职业生涯下员工职业态度和职业行为的变化的研究来看，目前主要有三种观点：第一种观点认为员工的组织承诺并没有因新型职业生涯的出现而发生根本性变化；第二种观点认为，新型职业生涯下员工的组织承诺降低，正处于向职业承诺转变过程之中；第三种观点认为新型职业生涯下员工的职业态度和行为受到众多因素的影响，难以确定更注重组织承诺还是职业承诺。

研究结果显示：组织类型不会影响职业承诺和组织承诺的强度；组织承诺与职业承诺中度相关，两者可以相互预测（职业承诺的三个维度与组织承诺的两个主要维度强相关）；职业承诺与感情承诺、继续承诺强正相关。无论是组织承诺还是职业承诺，都包括情感承诺、继续承诺和规范承诺。但员工做出这三种承诺的出发点是不同的，情感承诺完全是出于员工的志愿行为，基于员工对价值目标认同、员工自豪感及为了组织的利益自愿对组织做出牺牲和贡献等成分产生的承诺；继续承诺带有一定的交易契约性质，因为组织提供了一定的福利待遇，员工又出于对这些福利待遇等的实际需要而产生继续承诺；规范承诺则是出于社会责任的需要而产生的。在这三种承诺中只有情感承诺出于个人的真情实感，没有任何私利或公利的目的，因此，即使在新型职业生涯下，无论发生什么情况，情感承诺都会影响员工的职业态度和行为。而继续承诺和规范承诺则取决于组织的态度与行为，以及社会环境和风气的影响及制约。

新型职业生涯下组织需要员工的组织承诺和职业承诺。组织若想获得这样的结果，自然必须了解并满足员工的合理需求。而员工能否做出组织承诺和职业承诺，的确与组织因素有一定关联，但是至少要有职业承诺。国内学者翁清雄和席酉民（2013）通过实证分析，比较产业集群内外企业员工职业成长、组织承诺与离职倾向之间的关系，研究发现：员工职业成长四个因子均对情感承诺具有正向影响；除职业能力发展外，职业成长其余三个因子均对继续承诺和规范承诺有正向影响。说明能否获得职业成长影响员工是否继续留在组织中的决定，当职业成长受限时，员工容易产生离职倾向和行为。

员工的组织承诺和职业承诺实际上是一种心理契约，并且组织承诺和职业承诺的形成是一个潜移默化的过程。员工的组织承诺和职业承诺不是员工固有态度的显现，而是一种基于现实的选择。不过，这种选择对组织和员工都会产生一定的影响。新型职业生涯背景下，组织和员工只有重视环境的变化，并努力适应新环境，共同承担各自的责任，才能获得双赢的效果。

6.2.3　组织认同

对组织认同研究起源于社会心理学的社会认同（social identity）和文化认同（cultural identity）研究。社会认同是指个体对于组织的成员身份、价值观和情感维系方面的认知（Tajfel，1978）；文化认同是指个体对于所属文化及文化群体形成的归属感（sense of belonging）和内心承诺（inner commitment），进而获得保持与更新自身文化属性的社会心理过程（Ashforth and Mael，1989）。组织认同是联系个体与组织的重要纽带之一，它的形成受个体与组织两个层面因素的影响。同时大量研究也表明，组织认同对个体工作态度和行为都有非常重要的影响；组织认同可以通过影响个体的认知与情感来进一步影响个体的行为进而作用于组织，其中的认知与情感包括员工的工作满意度、组织公平行为和离职意向等。

从认知的视角出发，Ashforth 和 Mael（1989）认为组织认同是个体对于组织成员感、归属感的认知过程；从情感的视角出发，O' Reilly 和 Chatman（1986）认为组织认同是组织成员出于对组织的吸引和预期，进而保持在情感上的某种自我定义；从认知、情感的复合视角出发，Tajfel（1978）根据社会认同理论，将组织认同定义为"个体由对自我组织成员身份的认知而产生的一种自我概念，以及依附于这种成员身份产生的价值观上的一致感和情感上的归属感"；从结合认知、情感、行为三者的综合视角出发，Patchen（1970）认为组织认同是组织成员与组织团结一致的感觉、支持组织的行为，以及与组织中其他成员拥有共同特征的感知。

王彦斌（2004）认为，组织认同是指组织成员不仅在观念、行为等方面和组织保持一致，而且对所在组织具有理性的职责感和情感上的归属感。

从概念的广度上讲，组织认同又可分为狭义概念和广义概念。狭义概念上，组织认同只包括认知维度，强调个体对组织成员身份的自我定义；广义概念上，组织认同不仅包括认知维度，还包括情感维度和行为维度，强调了个体依附于组织成员身份而产生的对组织的情感性及行为表现（Ashforth et al.，2008），相对于狭义概念，广义概念所包含的范围更广。从概念的状态上讲，组织认同可以分为情境性认同和深度认同，前者指个体根据所处组织环境，将自己知觉为组织成员身份，后者不仅包括个体对组织成员身份的知觉，还包括自我和组织之间的一种根本联系，将组织中的“自我概念”和组织外的“自我概念”两者进行统一（Rousseau，1998；Riketta et al.，2006）。相比而言，深度认同较情境性认同更为稳定。

6.2.4　职业成功标准

20 世纪 90 年代后，组织环境急剧变化，组织结构更加扁平化和富有弹性，组织的中间层级减少，使得人们的晋升路径大大减少。同时，外部竞争的加剧使得组织不能保证持续稳定的盈利能力，工资增长的幅度有限。组织与员工的心理契约发生变化，劳动市场上出现了职业流动偏好。组织采取了多种手段留住员工，如提高员工的工作满意度、组织更多培训、重新进行工作设计等。因此，职业成功的内涵得到了扩展，并且主观职业成功也得到了更多的关注。

在新型职业生涯下，外部变化莫测的市场环境导致了薪酬水平的不确定性增加，薪酬和晋升等传统衡量标准的重要性降低。组织内部的横向流动增加，人们不再以是否晋升来衡量职业是否成功，而是更加关注工作个体的可就业能力提高与否、是否获得满足感和成就感。越来越多的人不再终生就业于一家公司，而是从自己的个性、兴趣出发来设计自己的职业生涯，职业流动和变更频繁。组织内部“个人市场竞争力”和组织外部“个人市场竞争力”成为衡量职业成功的重要指标。

Hall（1971）认为主观职业成功是一种心理成功，其特点是“追随我心”，即强烈追随内心所向往的职业路径。在某种特定情境下，即当个体遵循易变的职业生涯同时具有强烈的目的感时，他可能将职业视为一种天职，此时的心理成功循环机制最有效。心理成功更多强调个体心理上的成就感、自豪感、家庭幸福和内心平和。这无疑与传统的强调晋升和薪水的客观成功标准有本质的差异。

Friedman 和 Greenhaus（2000）将职业成功划分为五个维度，即地位、自我时间、挑战性、安全感和社会关怀。Eby 等（2003）提出了职业成功的三维度，即感知的组织内部竞争力、感知的组织外部竞争力和职业满意度。王鉴忠和宋君卿（2008）提出成长型职业生涯成功评价标准包括客观成功、主观成功及过程成功，三者相互促进、缺一不可。上述研究基本上揭示了不同时期人们职业成功标准的新变化，而这些新变化会对员工的职业价值观产生直接或间接的影响。

6.2.5　组织支持感

1986 年，美国社会心理学家 Eisenberger 提出了组织支持理论（organizational support theory，OST），这一理论是基于社会交换理论、互惠原则和组织拟人化思想提出的。该理论认为，员工往往会在工作过程中根据组织对自己工作努力的奖励程度及满足自己社会情感需求的程度的知觉，来判断出组织如何评价他们的贡献及组织是否重视他们的幸福。在组织不断变革的背景下，组织支持理论对于形成良好的员工-组织关系、提高员工的组织绩效具有积极意义。

组织支持感（perceived organizational support）是组织支持理论的核心，Eisenberger 将其定义为员工感受到的组织重视自己对工作的贡献和关心自己利益的程度（Eisenberger et al.，1986）。McMillin 通过对顾客服务人员的研究对这一概念进行了补充，他认为除了包括组织提供给员工的亲密支持和尊重支持以外，组织支持感还应该包括工具性支持，即员工完成工作所需要的咨询、训练、工具和设备等（McMillin，1997）。国内学者也对这一概念进行了界定，徐晓锋等（2005）认为组织支持感应包含员工两方面的感受：一是组织是否重视其贡献；二是组织是否关注其幸福感。凌文辁等（2006）把组织支持感定义为员工知觉到的组织对他们工作上的支持、对他们价值的认同，以及对他们的利益的关怀。国外学者 Guzzo 等（1994）从心理契约的角度解释了员工与组织之间的交换过程，认为组织支持感是员工与组织之间的心理契约，如果组织能够为员工提供良好的福利和支持，作为回报，员工则会有积极的情绪和良好的工作表现（Guzzo et al.，1994）。

Eisenberger 等（1986）对组织支持感的结构进行了探究，他们开发了一个量表并通过实证研究证明了组织支持感是一维的，之后学者们的研究大多认可并采用了这一维度。后来一些学者开始尝试使用多维度来测量组织支持感，研究成果如表 6.4 所示。

表 6.4　组织支持感维度划分

维度	内容	代表学者
二维	工具性支持	McMillin（1997）
二维	社会情感性支持	陈志霞（2006）
三维	情感性支持、信息性支持、物质性支持	Bhanthumnavin（2003）
三维	适应性支持、职业性支持、经济性支持	Kraimer 和 Wayne（2004）
三维	工作支持、价值认同、利益关怀	凌文辁等（2006）
四维	情感性支持、工具性支持、上级支持、同事支持	陈志霞（2006）
九维	情感性支持、工具性支持、发展性支持、人际支持、重视和重用、福利和工作保障、组织公正、宽容体谅、工作意义和挑战性	陈志霞（2006）

具有代表性的有 McMillin（1997）开发的二维度量表、Bhanthumnavin（2003）的三维度量表和 Kraimer 和 Wayne（2004）以外派员工为研究对象的三维度量表。

国内学者凌文辁等（2006）也对组织支持感的结构维度进行了探究，他们认为我国员工组织支持感的维度应该是包括工作支持、价值认同和利益关怀的三维结构；陈志霞（2006）在对知识型员工组织支持感的研究中，将知识型员工的组织支持感分为四个层次，不同层次的含义分别对应不同的结构维度。第一层次即 Eisenberger 等（1986）最早提出的情感性支持概念，是一维结构；第二层次除了包括亲密支持和尊重支持等情感性支持，还包括前文所述的 McMillin（1997）提出的工具性支持，是二维结构；第三层次是在第二层次的基础上，增加了上级支持和同事支持，包含四个维度；第四层次包括与心理契约相关的很多方面，共九个维度（陈志霞，2006），基于此编制的二维、四维和多维问卷，通过实证研究被证实具有良好的信度和效度。

通过对已有文献的阅读与整理，发现组织支持感的前因变量主要有组织公平、上级支持、组织回报与工作条件。

1. 组织公平

已有研究表明，组织公平能显著影响组织支持感水平。员工对组织中资源分配数量和方式的公平性的判断，很大程度上受到程序公平的影响，程序公平比公平感的其他维度更深刻影响着组织支持感知（Shore LM and Shore T H，1995）。组织中的加薪、晋升等人力资源政策的制定，政策实施前的受关注程度及员工是否有决策参与权，都会让员工产生对程序公平的判断，进而影响组织公平感。此外，在互动中的人际关系质量、对员工的尊重及向员工提供决策过程的相关信息等互动公平方面的因素，也显著影响员工的组织支持感。Cropanzano 等（2001）

的研究发现，分配公平能够正向影响组织支持感。Rhoades 和 Eisenberger（2002）通过元分析发现，程序公平显著影响组织支持感。

2. 上级支持

组织拟人化思想认为，员工会通过上级对自己的支持程度来判断组织对其的支持程度。Wayne 等（1997）的研究表明，领导-成员交换关系是员工组织支持感的重要预测因子。他认为，领导-成员交换关系与组织支持感尽管在概念上有所区别，但二者存在许多关联，组织支持感是基于对领导-成员交换关系的判断而形成的。Cogliser 等（2009）的研究也表明，下属对与上级间的交换关系质量水平的判断会影响其组织支持感知，如果判断一致，那么下属容易表现出更多的组织公民行为；如果判断不一致，那么下属可能会因为失望而产生消极的工作态度和行为。

3. 组织回报与工作条件

如果组织在晋升、工作保障、培训、奖励、发展机会等方面的人力资源政策中能够体现出对员工的认可，员工就会将这种认可当作是组织对自己工作的支持，从而显著提高组织支持感。如果员工在工作中可以自由决定如何安排进度、过程和内容，工作自主性较高，也能提高组织支持感。另外，定期为员工提供多样化的培训，使其不断获得职业所需要的技能，也体现了组织对员工的关注和帮助。组织回报与工作条件能显著影响员工组织支持感的水平（Shore LM and Shore T H，1995；Wayne et al.，1997）。

研究发现，组织支持感的结果变量通常与员工的态度和行为有关，比较常见的有以下几种。

1）组织承诺

Allen 和 Meyer（1990）将组织承诺定义为员工对组织的认同、投入及情感依恋。有研究表明，高水平的组织支持感通常对应着高水平的组织承诺（Cropanzano and Greenberg，1997）。Cropanzano 和 Greenberg（1997）的研究表明，工作支持与工作满意度之间存在显著的正相关关系。Kraimer 和 Wayne（2004）在对外派人员的研究中发现，在给员工提供了职业性支持和经济性支持以后，他们对组织的情感承诺会显著提高。凌文辁等（2006）的研究显示，组织支持感对情感承诺存在积极影响。

2）组织公民行为

George 和 Brief（1992）认为，组织支持感能够使员工向组织提供具有建设性的意见、主动帮助组织规避风险并帮助同事等。Moorman 等（1998）的研究发现，组织公民行为中的一些层面与组织支持感存在正相关关系，如勤奋、忠诚、互相帮助等。Hochwarter 等（2003）发现，组织支持感与缺勤、怠工等行为存在负相关关系。凌文辁等（2006）的研究发现，组织支持感能对员工的利他行为产生积极影响。

3）工作满意度

Witt（1991）将工作满意度定义为员工对待工作的整体情绪和态度。组织支持感影响工作满意度的原因在于，给予员工的组织支持感不仅让员工产生责任感，还满足了员工社会情感的需求，这种需求一旦得到满足，员工会产生积极的情绪，进而提高工作满意度。此外，当员工相信组织会在他们需要帮助时给予一定工作上的支持，这会提高其对工作结果的预期，无形中提高了工作满意度。很多学者的研究都证明了组织支持感会对工作满意度产生正向影响（Rhoades and Eisenberger，2002；George and Brief，1992）。

4）离职倾向

如果员工拥有较高水平的组织支持感，他会认同自己是组织一员，从而减少离职倾向。Cropanzano 等（2001）、Wayne 等（1997）的研究发现，组织支持感与员工的离职意愿之间存在显著的负相关关系。Allen 等（2003）认为，高水平的组织支持感能增强员工的情感承诺，提高出勤率，减少消极的工作行为。他们提出了一个理论模型来探讨组织支持感和离职倾向的关系，并验证了工作满意度及组织承诺在上述关系中充当着中介作用。我国国内学者谭小宏等（2007）的研究揭示，组织支持感与换岗倾向、换职倾向存在显著的负相关关系。

据已有研究可得，组织支持感能使员工对组织的情感承诺提高，进而提高员工的组织承诺，促使员工为组织提供建设性意见和其他的组织公民行为；在帮助他人和回报组织的过程中员工提升了工作满意度，认为自己得到了组织的重视和实现了自己的社会价值。组织支持感能够促使员工产生积极的工作态度，更加全身心投入到工作中，减少消极工作态度，产生支持组织目标的责任感，降低离职意愿，最终提高工作绩效，形成良性循环。

所以，站在组织的角度，培养并保持良好的员工组织支持感对组织大有裨益。组织应从组织公平出发，营造和谐的组织文化，让下属感受到领导的重视与支持，激发员工的组织支持感。当员工做出业绩、获得进步时，也要以晋升、工作保障、培训、奖励、发展机会等作为奖励，继续激发员工的组织支持感。

6.2.6　组织公平感

组织公平有两种：第一种是通过组织制度和管理机制的完善来实现客观层面的绝对公平，这是很难实现的；第二种是组织公平感知，是个体对组织内公平程度的主观判断。Greenberg（1990）认为，一般来说，员工并不能准确判断组织内实际的公平状况，而是会根据自己是否感受到了被公平对待来判断组织的公平程度。也就是说，公平更多的是一种主观判断和感受，因此在学术研究中，很多情况下公平等同于公平感，组织公平即组织公平感。

对组织公平感的研究始于20世纪60年代中期美国心理学家Adams（1965）提出的分配公平（distributive justice）理论，即早期的经典公平理论（equity theory），距今已有50多年的历史，产生了丰富的理论成果。Adams（1965）关注的是个体获得的分配结果，个体通常会将自己的工作投入/收获比率同他人进行比较，如果觉得比率基本一致，则会感知到组织公平，反之，就会认为自己受到了不公平的待遇，进而产生消极的情绪和行为。

随着学者们研究的不断深入，组织公平感的研究进入了程序公平阶段。由于分配公平仅仅关注分配的结果，而谁来分配、用什么方法分配、分配过程如何也影响着组织公平的感知。所以，Thibaut和Walker（1975）从法律程序的角度提出了程序公平的概念，该理论的出现推动组织公平感进入了一个新阶段。他们认为在进行分配时，能够掌握程序控制权的人更容易有公平的感受。Levanthal（1980）把该研究从法律程序方面扩大到了组织方面，丰富了程序公平的内涵，他还提出了确保程序公平的六个标准。之后，Greenberg（1986）将程序公平定义为员工对组织决策过程的公平感知程度。至此，分配公平和程序公平就构成了组织公平感最基本也是最重要的两个维度。

然而随着对程序公平研究的深入，学者们发现在组织中，程序的执行通常会在一定程度上受到人际因素的影响，即员工对人际关系是否公平的感知可能会影响组织公平感，因此互动公平开始进入学者们的研究视野。Bies和Moag（1986）认为，在进行决策时，组织有没有站在员工的立场上考虑决策的合理性，有没有与员工进行沟通和交流，有没有体谅员工的难处等，这些都会影响员工的组织公平感知。因此，他们将互动公平定义为程序执行过程中执行者对待员工的态度、方法等人际互动方式对员工的公平感知造成的影响。之后，Greenberg（1993）进一步将互动公平分解为人际公平和信息公平两个维度，前者是指管理者在做决策或执行程序时是否尊重下属、是否注意礼貌；后者是指能否给与决策相关的当事人提供必要的信息和解释。

组织公平感维度的划分大致存在以下四种观点。

单维度说认为，组织公平感是单维度的，理由是分配公平与程序公平存在高度相关性，无法进行有效区分。二维度说认为，分配公平和程序公平两个维度能够有效区分，应当作为独立的维度共同组成组织公平感。自Thibaut和Walker（1975）提出程序公平以后，许多学者支持这一理论，并在研究中广泛使用二维度结构。三维度说认为，组织公平感由分配公平、程序公平和互动公平三个维度构成，这也是目前组织公平感研究领域里使用最为广泛的一种划分方式。四维度说进一步将互动公平细分为两个维度，组织公平感共包含分配公平、程序公平、人际公平（领导公平）和信息公平四个维度，代表学者有 Greenberg（1993）、Colquitt 等（2001）。具体维度划分见表 6-5。

表 6.5　组织公平感测量维度划分

维度	内容	代表学者
二维	程序公平、互动公平	Moorman（1991）
二维	程序公平、分配公平	Sweeney 和 Mcfarlin（1993）
三维	分配公平、程序公平、互动公平	Niehoff 和 Moorman（1993）
三维	分配公平、程序公平、互动公平	汪新艳（2009）
四维	分配公平、程序公平、人际公平（领导公平）、信息公平	Colquitt 等（2001）
四维	分配公平、程序公平、领导公平、领导解释（信息公平）	刘亚等（2003）

通过对组织公平感相关研究的回顾，可以总结出组织公平感的三类前因变量：第一种是组织结果变量（组织凝聚力、绩效差异、结果满意度等）；第二种是组织实践变量（处理人际关系的质量、过程控制、同员工的交流等）；第三种是受试者的特征（人口统计学变量、个性、自我意识等）。Cohen-Charash 和 Spector（2001）的研究证明，发言权、交流、组织支持、薪酬增长及结果满意感等组织结果和实践，对组织公平感存在预测力。

如果组织公平感水平较低，会极大地挫伤员工的工作积极性，使员工产生消极态度和行为。尤其在中国，人们的传统观念中，“不怕贫而怕不公”，每个员工心里都会有自己衡量公平的标准，一旦感知到不公平，不但影响到员工的态度和行为，对企业的文化建设、价值导向、生产运营和长久发展都会产生深远影响。正是因为组织公平感具有重要作用，学者们从 20 世纪 70 年代中期就开始了对组织公平感结果变量的研究，主要有以下几类。

第一类结果变量是工作态度，主要包括组织承诺、信任、工作满意度、绩效评估满意度等。Thibaut 和 Walker（1975）的研究指出，如果员工能够感知到程序公平，即便结果不是很合理，员工也可以接受这个不合理的结果，即程序公平感能够提高员工的工作满意度。

第二类结果变量是组织行为，主要包括组织公民行为、绩效、反生产行为等。Moorman 等（1998）的研究发现组织公平感通过组织支持感作用于组织公民行为，如果员工感知到的程序公平的水平较高，那么相应地会产生较高水平的组织支持感，进而增加积极的态度和行为。此外，组织不公也会引发员工在工作中迟到早退、擅自离开工作岗位、玩忽职守、浪费甚至偷盗组织财物等一系列消极组织行为。

第三类结果变量是员工压力，主要包括离职倾向、紧张感、工作焦虑等。

6.2.7 组织价值观

组织价值观是组织文化的核心，可以称为狭义的组织文化，几乎关系到组织的所有事业。组织价值观确定了组织的基本特征，决定了组织的生产经营特色和管理风格。组织价值观能够凝聚组织成员，指引、规范和激励组织成员的思想和行动，从而影响到员工并通过员工的工作满意度、组织承诺等表现出来。

Aburdene 和 Naisbitt（1985）认为，员工导向的价值观都是公司现在及未来成功的标准。消极的人力资源管理对与员工绩效紧密相关的员工满意度、动机和自我实现具有负面影响，并最终影响到组织绩效。O'Reilty 等（1991）研究提出，受到组织重视和个体认可的价值观可以产生更亲密的关系、更积极的情感和更高的组织承诺。

Boxx 等（1991）对非营利性组织运输系统成员的调查研究指出，组织文化主要受组织价值观影响，是组织成功的关键影响因素，影响到员工工作满意度、组织承诺和凝聚力。

Finegan（2000）研究发现，重视人本价值和愿景价值的组织，更可能使员工产生对组织的情感承诺和规范承诺。遵从传统的组织价值观越强，员工对组织的规范承诺越强，而其情感承诺越低。服从传统和基本理念的组织价值观能预测继续承诺，个人感知组织越重视遵从传统和基本理念，员工的继续承诺越强。

Reiman 等（2004）研究发现，规范、自主、变革和团队价值理念与工作满意度强正相关，企业规范导向比其他价值理念对工作满意度有更重要的影响。工作意义和规范价值理念比层级价值理念与工作满意度更积极相关。

6.3 个人-组织价值观契合：相互承诺与价值共享

西方学者关于人与组织匹配的研究表明，员工价值观与组织价值观具有一致性，匹配是人与组织匹配的重要方面，并且是最基础与核心的方面（O'Reilly et al.，1991；Vancouver et al.，1994；Cable and Judge，1997；Kristof-Brown et al.，2002）。众所周知，组织文化建设的核心就是实现员工个体和组织之间的价值观契合。

国内外关于员工价值观与组织价值观的契合衡量研究，其出发点是研究员工价值观与组织价值观有多少相同性、相似性，如图 6.1 所示。

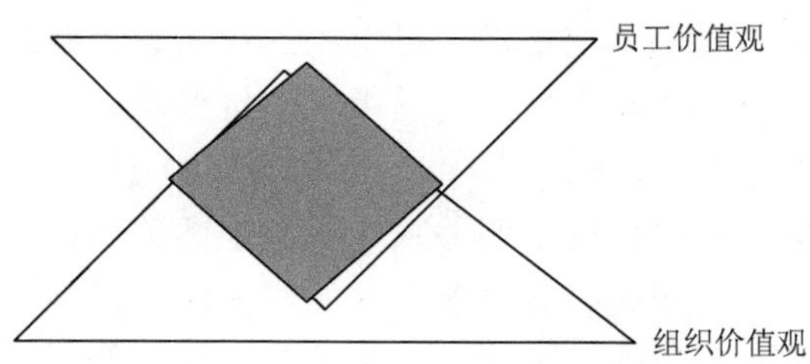

图 6.1　员工价值观和组织价值观的契合

朱青松和陈维政（2005）提出“价值观实现度”是价值观的体现、实现程度，并把它作为测量员工价值观与组织价值观的契合衡量指标。一个企业的员工，如果他的价值观体现、实现程度高，同时组织价值观的体现、实现程度也高，那么，员工价值观与组织价值观契合度高；反之，则员工价值观与组织价值观契合度低。“价值观实现度”着眼于员工价值观与组织价值观实现这个双赢的互动发展结果，体现了员工价值观与组织价值观的动态契合。

管理是一种相互承诺（石立平，2014），是个人与组织之间的承诺。20 世纪 90 年代以后，越来越多的研究者和管理者开始关注个人与组织的契合，他们发现，在强调组织成员内在特质与组织基本特征之间的一致性中，组织成员的个体价值观与企业价值观的契合是最为重要的因素。众多关于个人与组织契合的研究表明，价值观对于个人和组织而言都是基本的、持续的特征（Chatman，1989）；个人价值观与企业价值观的一致性契合，是个人与组织契合的重要方面，并且是最基础、最核心的方面（O’Reilly et al.，1991；Cable and Judge，1997；Kristof-Brown et al.，2002）；价值观能够预测个体评估终值的多样性，包括满意和行为意愿。员工会选择与自己价值观相近的组织，而组织也会选择具有相似价值观的员工（Schneider et al.，1995）。很多学者将组织成员所共同拥有的价值观作为分析的框架（Wiener，1988），他们认为个人的价值观相对稳定，并能够影响个人的行为（O’Reilly et al.，1991），更重要的是个人和组织都拥有价值观，因此个人与企业价值观的契合，成为测量和研究企业文化的一个重要的工具。还有一些研究者开始将价值观一致性作为个人与组织契合的实际操作前提。

然而，每个时代都具有其独特性，价值观也会受到外界因素的影响而产生变化，新型职业生涯的出现就在价值观层面给组织和个人带来了改变。

从组织视角看，传统雇佣关系与新型雇佣关系由过去重视组织社会化转变为重视组织支持。这是因为在过去企业等组织倡导或承诺终身雇佣或长期雇佣，组织通过社会化策略等，使员工逐步接受组织的价值观和制度。在新型职业生涯下，尽管组织社会化也能帮助员工了解和使用组织的文化（价值观）和制度等，但基于雇佣的短期性特征，在价值观方面，组织要实现确定的战略目标，充分发挥人力资源的作用，就必须改变只重视员工对组织的承诺忽视组织对员工的承诺这一观念，给予员工更多的关心和支持，通过组织的价值观、积极态度和行为感化员工，使其为组织做出更大的贡献。

从员工个体的角度看，传统雇佣关系与新型雇佣关系由过去的组织承诺转变为职业承诺。这是因为在新型职业生涯下，组织无法承诺终身雇佣，员工无法在一个组织完成其全部职业生涯，因此，员工的忠诚度降低。但是，员工承诺只要加入组织，就会做好本职工作，忠诚于自己的职业或事业，这是一名员工的职责所在，也是对组织支持的一种回报。

可见，虽然组织和个人的价值观在新型职业生涯观念的影响下发生了一些变化，但是二者仍需要寻求契合，更好地发挥员工潜力，为组织做出贡献。

然而，一致性契合并不等同于同质化。组织和个人是不同的主体，其价值观必然存在差异，不同主体拥有完全相同的价值观几乎是不存在的，之所以要使组织和个人在目标、愿景等方面不断磨合、适应、改变，是为了达到组织的价值观和个人的价值观彼此更加契合的目的，而不是完全同化。在学者们一致强调个人价值观与组织价值观的一致性契合重要性的同时，Schneider 等（1995）指出，过分强调个人与组织的价值观一致性契合会导致组织高度同质化，使组织成员看问题视角缺乏多样化，不利于员工创造性地解决问题和组织适应多变的环境。因此，我们应允许组织与员工在价值观方面的差异存在，并学会在差异中寻找平衡点，使组织和员工始终保持生命力。

一个有竞争力的组织需要与其价值观相契合的员工才能更持久地存活，有竞争力的员工也需要与其价值观相契合的组织才能有更好的发展平台和前景，寻求个人和组织价值观契合可以极大地促进二者实现双赢的目标。同时也应注意到，个人和组织的价值观也是随着环境而改变的，个人和组织在互相磨合、适应的同时，也应正视差异、积极面对、承担相应责任和义务。组织要用正确的方式引导员工更快适应组织并积极承担责任，充分实现组织支持以促进员工对组织的信任；员工则应积极做好本职工作，忠诚于职业也是对组织的一种回报方式。不同主体之间价值观的差异是不可避免的，我们需要寻求个人和组织价值观的契合，也要尊重差异的存在，求同存异，只有这样才能使企业和员工时刻保持活力与竞争力。

参考文献

陈世平，李斐斐. 2006. 企业员工职业承诺的结构模型研究[J]. 心理科学，29（5）：1183-1185.

陈志霞. 2006. 知识员工组织支持感对工作绩效和离职倾向的影响[D]. 武汉：华中科技大学.

窦运来，黄希庭. 2012. 中国企业 R&D 人员工作价值观结构实证研究[J]. 科学学研究，30（3）：434-440.
黄希庭，张进辅，李红. 1994. 当代中国青年价值观与教育[M]. 成都：四川教育出版社.
金盛华，李雪. 2005. 大学生职业价值观：手段与目的[J]. 心理学报，（5）：650-657.
连榕，邵雅利. 2003. 关于教师职业承诺及其发展模式的研究[J]. 教育评论，6：26-28.
凌文辁，方俐洛. 1999. 我国大学生的职业价值观研究[J]. 心理学报，31（3）：342-348.
凌文辁，杨海军，方俐洛. 2006. 企业员工的组织支持感[J]. 心理学报，38（2）：281-287.
刘广珠，赵淑萍. 2001. 职业价值观的研究与应用[J]. 青岛化工学院学报（社会科学版），1（56）：47-49.
刘华成. 2009. 组织价值观结构及其相关研究[D]. 开封：河南大学.
刘世瑞. 2005. 中小学教师职业承诺问卷的编制及适用研究[D]. 长沙：湖南师范大学.
刘亚，龙立荣，李晔. 2003. 组织公平感对组织效果变量的影响[J]. 管理世界，（3）：126-132.
刘耀中. 2006. 电信员工职业承诺因素结构的研究[J]. 心理科学，29（4）：994-997.
龙建，龙立荣，王南南. 2002. 431 名护士职业承诺状况的调查分析[J]. 中华医院管理杂志，18（7）：407-408.
龙立荣，方俐洛. 2000. 职业承诺的理论与测量[J].心理科学进展，18（4）：39-45.
龙立荣，李霞. 2002. 中小学教师的职业承诺研究[J]. 教育研究与实验，（4）：56-61.
宁维卫. 1996. 中国城市青年职业价值观研究[J]. 成都大学学报（社会科学版），（4）：10-12，20.
石立平. 2014. 管理，就是一种相互承诺[J]. 质量探索，（8）：55.
谭小宏，秦启文，潘孝富. 2007. 企业员工组织支持感与工作满意度，离职意向的关系研究[J]. 心理科学，30（2）：441-443.
汪新艳. 2009. 中国员工组织公平感结构和现状的实证解析[J]. 管理评论，21（9）：39-47.
王鉴忠，宋君卿. 2008. 成长型心智模式与职业生涯成功研究[J]. 外国经济与管理，30（6）：59-64.
王莉娟. 2007. 中国企业员工价值观调查研究[D]. 重庆：西南大学.
王彦斌. 2004. 管理中的组织认同[M]. 北京：人民出版社.
魏钧. 2008. 组织契合与认同研究：中国传统文化对现代组织的影响[M]. 北京：北京大学出版社.
文晓立，陈春花. 2013. 组织行为学中的个人价值观研究述评[J]. 商业时代，（15）：24-25.
翁清雄，席酉民. 2013. 职业成长、组织承诺与离职倾向：集群内外比较[J]. 预测，1：23-30.
徐晓锋，车宏生，林绚晖，等. 2005. 组织支持理论及其研究[J]. 心理科学，28（1）：130-132.
于海波，张大均. 2001. 高师生职业价值观研究的初步构想[J]. 西南师范大学学报（人文社会科学版），27（2）：61-66.
余华，黄希庭. 2000. 大学生与内地企业员工职业价值观的比较研究[J]. 心理科学，23（6）：739-740.
张再生. 2007. 职业生涯规划[M]. 天津：天津大学出版社.
郑伯埙. 1990. 组织文件价值观的数量衡鉴[J]. 中华心理学刊，（32）：31-49.
郑洁，阎力. 2005. 职业价值观研究综述[J]. 中国人力资源开发，（11）：11-16.
朱青松，陈维政. 2005. 员工价值观与组织价值观：契合衡量指标与契合模型[J]. 中国工业经济，5：88-95.
Aburdene P，Naisbitt J. 1985. Reinventing the Corporation[M]. New York：Warner Books.
Adams J S. 1965. Inequity in social exchange[J]. Advances in Experimental Social Psychology，2：267-299.
Allen D G，Shore L M，Griffeth R W. 2003. The role of perceived organizational support and supportive human resource practices in the turnover process[J]. Journal of Management，29（1）：99-118.
Allen N J，Meyer J P. 1990. The measurement and antecedents of affective，continuance and normative commitment to the organization[J]. Journal of Occupational and Organizational Psychology，63（1）：1-18.
Ashforth B E，Mael F. 1989. Social identity theory and the organization[J]. Academy of Management Review，14（1）：20-39.
Ashforth B E，Harrison S H，Corley K G. 2008. Identification in organizations：an examination of four fundamental questions[J]. Journal of Management，34（3）：325-374.

Badovick G J，Beatty S E. 1987. Shared organizational values：measurement and impact upon strategic marketing implementation[J]. Journal of the Academy of Marking Science，15（1）：19-26.

Becker H S. 1960. Notes on the concept of commitment[J]. American Journal of Sociology，66（1）：32-40.

Bhanthumnavin D. 2003. Percieved social support from suppervisor and group members'psychological and situational characteristics as predictors of subordinate performance in Thai work units[J]. Human Resource Development Quarterly，14（1）：79-97.

Bies R，Moag R. 1986. Interactional justice：communication criteria of fairness [A]//Lewicki R J，Sheppard B H，Bazerman M H. Research on Negotiations in Organizations[C]. Greenwich：JAI Press：43-55.

Blau G. 1985. The measurement and prediction of career commitment[J]. Journal of Occupational and Organizational Psychology，58（4）：277-288.

Blau G. 2001. On assessing the construct validity of two multidimensional constracts：occupational commitment and occupational entrenchment[J]. Human Resource Management Review，11（3）：279-298.

Blau G. 2003. Testing for a four-dimensional structure of occupational commitment[J]. Journal of Occupational and Organizational Psychology，76（4）：469-488.

Boxx W R，Odom R Y，Dunn M G. 1991. Organizational values and value congruency and their impact on satisfaction，commitment，and cohesion：an empirical examination within the public sector[J]. Public Personnel Management，20（2）：195-205.

Boyatzis R E，Skelly F R. 1991. The impact of changing values on organizational life[J]. The Organizational Behavior Reader，5：1-16.

Cable D M，Judge T A. 1997. Interviewers'perceptions of person-organization fit and organizational selection decisions[J]. Journal of Applied Psychology，82（4）：546.

Calori R，Sarnin P. 1991. Corporate culture and economic performance：a French study[J]. Organization Studies，12（1）：49-74.

Carson K D，Bedeian A G. 1994. Career commitment：construction of a measure and examination of its psychometric properties[J]. Journal of Vocational Behavior，44（3）：237-262.

Chatman J A. 1989. Matching people and organizations：selection and socialization in public accounting firms[J]. Academy of Management，（1）：199-203.

Cogliser C C，Schriesheim C A，Scandura T A，et al. 2009. Balance in leader and follower perceptions of leader-member exchange：relationships with performance and work attitudes[J]. The Leadership Quarterly，20（3）：452-465.

Cohen A. 2007. Commitment before and after：an evaluation and reconceptualization of organizational commitment[J]. Human Resource Management Review，17（3）：336-354.

Cohen-Charash Y，Spector P E. 2001. The role of justice in organizations：a meta-analysis[J]. Organizational Behavior and Human Decision Processes，86（2）：278-321.

Colquitt J A，Conlon D E，Wesson M J，et al. 2001. Justice at the millennium：a meta-analytic review of 25 years of organizational justice research[J]. Journal of Applied Psychology，86（3）：424.

Colquitt J A，Conlon D E，Wesson M J，et al. 2001. Justice at the millennium：a meta-analytic review of 25 years of organizational justice research[J]. Journal of Applied Psychology，86（3）：425-445.

Cropanzano R，Ambrose M L，Greenberg J，et al. 2001. Procedural and distributive justice are more similar than you think：a monistic perspective and a research agenda[J]. Advances in Organizational Justice，119：151.

Cropanzano R，Greenberg J. 1997. Progress in organizational justice：tunneling through the maze[J]. International Review of Industrial and Organizational Psychology，12：317-372.

de Jong E. 1999. The impact of motivation on the career commitment of Dutch literary translators[J]. Poetics，26（5/6）：423-437.

Eby L T，Butts M，Lockwood A. 2003. Predictors of success in the era of the boundaryless career[J]. Journal of Organizational Behavior，24（6）：689-708.

Eisenberger R，Huntington R，Hutchisom S，et al. 1986. Perceived organizational support [J].Journal of Applied Psychology，71（2）：500-507.

Elizur D，Sagie A. 1999. Facets of personal values：a structural analysis of life and work values[J]. Applied Psychology，48（1）：73-87.

Elizur D. 1984. Facets of work values：a structural analysis of work outcomes[J]. Journal of Applied Psychology，69（3）：379.

Finegan J E. 2000. The impact of person and organizational values on organizational commitment[J]. Journal of Occupational and Organizational Psychology，73（2）：149-169.

Friedman S D，Greenhaus J H. 2000. Work and Family-Allies or Enemies？What Happens When Business Professionals Confront Life Choices[M]. Oxford：Oxford University Press.

George J M，Brief A P. 1992. Feeling good-doing good：a conceptual analysis of the mood at work-organizational spontaneity relationship[J]. Psychological Bulletin，112（2）：310.

Glenn B V，Daniel M C，Iannie G V. 2000. Linking organizational values to relationships with external consituents：a study of nonprofit professional theatres[J]. Organization Science，11（3）：330-347.

Greenberg J. 1986. Determinants of perceived fairness of performance evaluations[J]. Journal of Applied Psychology，71（2）：340.

Greenberg J. 1990. Organizational justice：yesterday，today，and tomorrow[J]. Journal of Management，16（2）：399-432.

Greenberg J. 1993. The social side of fairness：interpersonal and informational classes of organizational justice[A]// Cropanzano R. Justice in the Workplace：Approaching Fairness in Human Resource Management[C]. Hillsdale：Lawrence Erlbaum Associates：79-103.

Guzzo R A，Noonan K A，Elron E. 1994. Expatriate managers and the psychological contract[J]. Journal of Applied Psychology，79（4）：617.

Hall D T，Yip J. 2016. Discerning career cultures at work[J]. Organizational Dynamics，45（3）：174-184.

Hall D T. 1971. A theoretical model of career subidentity development in organizational settings[J]. Organizational Behavior and Human Performance，6（1）：50-76.

Henry T. 1978. Differentiation Between Social Groups：Studies in the Social Psychology of Intergroup Relations[M]. London：Academic Journals.

Hochwarter W A，Kacmar C，Perrewe P L，et al. 2003. Perceived organizational support as a mediator of the relationship between politics perceptions and work outcomes[J]. Journal of Vocational Behavior，63（3）：438-456.

Irving P G，Coleman D F，Cooper C L. 1997. Further assessments of a three-component model of occupational commitment：generalizability and differences across occupations[J]. Journal of Applied Psychology，82：444-452.

Kalleberg A L. 1977. Work values and job rewards：a theory of job satisfaction[J]. American Sociological Review，42（1）：124-143.

Kraimer M L，Wayne S J. 2004. An examination of perceived organizational support as a multidimensional construct in the context of an expatriate assignment[J]. Journal of Management，30（2）：209-237.

Kristof-Brown A L，Jansen K J，Colbert A E. 2002. A policy-capturing study of the simultaneous effects of fit with jobs，groups，and organizations[J]. Journal of Applied Psychology，87（5）：985-993.

Levanthal G S. 1980. What should be done with equity theory[A]//Gergen K J，Greenberg M S，Willis R H. Social Exchange：Advances in Theory and Research[C]. New York：Plenum：27-55.

London M. 1983. Toward a theory of career motivation[J]. Academy of Management Review，8（4）：620-630.

McCroskey J C，Beatty M J，Kearney P，et al. 1985. The Content Validity of the PRCA-24 as a measure of communication apprehension across communication contexts[J]. Communication Quarterly，33（3）：165-173.

McMillin R. 1997. Customer satisfaction and organizational support for service providers[D]. Gainesville：University of Florida.

Meyer J P，Allen N J. 1997. Commitment in the Workplace：Theory，Research，and Application [M]. Atlanta：Sage.

Meyer J P，Stanley D J，Herscovitch L，et al. 2002. Affective，continuance，and normative commitment to the organization：a meta-analysis of antecedents，correlates，and consequences[J]. Journal of Vocational Behavior，61（1）：20-52.

Moorman R H，Blakely G L，Niehoff B P. 1998. Does perceived organizational support mediate the relationship between procedural justice and organizational citizenship behavior？[J]. Academy of Management Journal，41（3）：351-357.

Moorman R H. 1991. Relationship between organizational justice and organizational citizenship behaviors：do fairness perceptions influence employee citizenship?[J]. Journal of Applied Psychology，76（6）：845-855.

Ng T W H，Feldman D C. 2010. Idiosyncratic deals and organizational commitment[J]. Journal of Vocational Behavior，76（3）：419-427.

Niehoff B P，Moorman R H. 1993. Justice as a mediator of the relationship between methods of monitoring and organizational citizenship behavior[J]. Academy of Management Journal，36（3）：527-556.

Noe R A，Noe A W，Bachhuber J A. 1990. An investigation of the correlates of career motivation[J]. Journal of Vocational Behavior，37（3）：340-356.

O'Reilly C A，Chatman J，Caldwell D F. 1991. People and organizational culture：a profile comparison approach to assessing person-organization fit[J]. Academy of Management Journal，34（3）：487-516.

O'Reilly C A，Chatman J. 1986. Organizational commitment and psychological attachment：the effects of compliance，identification，and internalization on prosocial behavior[J]. Journal of Applied Psychology，71（3）：492.

Padaki V. 2000. Coming to grips with organisational values[J]. Development in Practice，10（3/4）：420-435.

Patchen M. 1970. Participation，achievement，and involvement on the job[J]. South African Journal of Economics，36（4）：777.

Porter L W，Steers R M，Mowday R T，et al. 1974. Organizational commitment，job satisfaction，and turnover among psychiatric technicians[J]. Journal of Applied Psychology，59（5）：603.

Reiman T，Oedewald P，Rollenhagen C. 2004. Comparison of organisational cultures at two NPP maintenance units—when is maintenance work motivating and meaningful？[C]. Probabilistic Safety Assessment and Management.

Rhoades L，Eisenberger R. 2002. Perceived organizational support：a review of the literature[J]. Appl Psychol，87（4）：698-714.

Riketta M，van Dick R，Rousseau D M. 2006. Employee attachment in the short and long run：antecedents and consequences of situatedand deep-structure identification[J]. Zeitschrift für Personalpsychologie，5（3）：85-93.

Rokeach M. 1973. The nature of human values[J]. American Journal of Sociology，89（2）：443-444.

Rokeach M. 1979. From individual to institutional values：with special reference to the values of science[J]. Understanding Human Values，47：70.

Ros M，Schwartz S H，Surkiss S. 1999. Basic individual values，work values，and the meaning of work[J]. Applied

Psychology，48（1）：49-71.

Rousseau D M. 1988. Why workers still identify with organizations[J]. Journal of Organizational Behavior，19（3）：217-233.

Schneider B，Goldstiein H W，Smith D B. 1995. The ASA framework：an update[J]. Personnel Psychology，48（4）：747-773.

Shore L M，Shore T H. 1995. Perceived organizational support and organizational justice[A]//Cropanzano R S，Kacmar K M. Organizational Politics，Justice，and Support：Managing the Social Climate of the Workplace[C]. Westport：Quorum Press：149-164.

Solinger O N，van Olffen W，Roe R A. 2008. Beyond the three-component model of organizational commitment[J]. Journal of Applied Psychology，93（1）：70.

Somers M J. 2009. The combined influence of affective，continuance and normative commitment on employee withdrawal[J]. Journal of Vocational Behavior，74（1）：75-81.

Stubbart C I，Enz C A. 1986. Power and shared values in the corporate culture[J]. Administrative Science Quarterly，33（2）：333.

Super D E. 1962. The structure of work values in relation to status，achievement，interests and adjustment[J]. Journal of Applied Psychology，46（4）：231-239.

Super D E. 1970. Work Values Inventory[M]. Houghton：Houghton Mifflin.

Sweeney P D，Mcfarlin D B. 1993. Workers'evaluations of the “ends”and the “means”：an examination of four models of distributive and procedural justice[J]. Organizational Behavior & Human Decision Processes，55（1）：23-40.

Tajfel H. 1978. The Achievement of Group Differentiation [M].London：Academic Press：77-98.

Thibaut J W，Walker L. 1975. Procedural Justice：A Psychological Analysis[M]. Mahwah：Lawrence Erlbaum Associates.

Tsai T S T. 2011. Career commitment vs organizational commitment：a comparison between for-profit and non-profit sectors[C]. International of Conference on Management（ICM 2011）Proceeding of Conference Master Resources.

Ushijima T. 2016. Diversification，organization，and value of the firm[J]. Financial Management，45（2）：467-499.

Vancouver J B，Millsap R E，Peters P A. 1994. Multilevel analysis of organizational goal congruence[J]. Journal of Applied Psychology，79（5）：666-678.

Vandenberg R J，Scarpello V. 1992. Multitrait-multimethod validation of the satisfaction with my supervisor scale[J]. Educational and Psychological Measurement，52（1）：203-212.

Voss G B，Cable D M，Voss Z G. 2000. Linking organizational values to relationships with external constituents：a study of nonprofit professional theatres[J]. Organization Science，11（3）：330-347.

Wayne S J，Shore L M，Liden R C. 1997. Perceived organizational support and leader-member exchange：a social exchange perspective[J]. Academy of Management Journal，40（1）：82-111.

Wiener Y. 1988. Forms of Value Systems：a Focus on organ izational effectiveness and cultural change and maintenance[J]. Academy of Management Review，13（4）：534-545.

Witt L A. 1991. Exchange ideology as a moderator of job attitudes-organizational citizenship behaviors relationships[J]. Journal of Applied Social Psychology，21（18）：1490-1501.

第 7 章　心理契约的破裂与重构

7.1　心 理 契 约

7.1.1　心理契约的概念

1960 年，哈佛大学商学院教授 Argyrils 最先提出了心理契约这一概念。1980 年，美国管理心理学家施恩（Schein）教授将心理契约界定为组织中没有书面化规定，但在组织中所有单个的成员和不同的领导者及其他人之间无时不在的一种期望。心理契约这一概念被引入管理领域，学者们从两个视角对心理契约进行了概念界定，分为广义定义和狭义定义，即双边视角和单边视角。双边视角包括员工视角和组织视角，员工视角是指员工个体（或雇员）对相互责任的期望，组织视角是指组织（或雇主）对相互责任的期望（李原和郭德俊，2002）。李原和孙健敏（2006）将心理契约定义为在组织与员工的相互关系中，雇佣双方所感知到的彼此为对方承担的责任，其核心内容是双方互惠互利的责任，包括组织对员工承担的责任（即组织责任）和员工对组织承担的责任（即员工责任）。单边视角强调个体水平上的心理契约，并认为组织只是提供背景和环境的一方，将心理契约定义为在组织与员工相互关系中，员工个体对相互责任与义务的信念。

综合来看，心理契约在社会交换理论的背景下被认为是相互承担的义务，预期创造一种被认为是道德和正义的价值观的平衡交换（Johnson and O'Leary-Kelly，2003）。Thompson 和 Bunderson（2003）则将心理契约定义为一种涉及意识形态货币的交流，其目的是超越经济和社会心理问题。心理契约包括员工的信仰、对构成雇佣关系的隐含和明确的承诺与义务的看法（Conway and Briner，2005）。特别是，心理契约定义了员工认为他们已经得到了组织的承诺，因此，他们认为组织有义务对此做出回报（Dabos and Rousseau，2004），即心理契约构成了个人与其组织之间的隐性交换协议（Rousseau，1995）。一般来说，员工和组织力求在彼此提供的相互诱导和贡献方面保持公平的平衡（Rousseau，2004），因此，有必要考虑到正面互惠（即你履行你的一部分，我会履行我的一部分）和负面互惠（即你不能履行你那部分的交易，我也可以不完成我的义务），以便充分了解心理契约。

7.1.2　心理契约的结构与内容

心理契约的结构主要包括二维结构说和三维结构说，其中，二维结构说得到了学术界更大的认可和支持。

1. 二维结构说

国外学者实证研究发现心理契约的构成中存在两个稳定因子，分别为交易因子和关系因子，并将心理契约划分为两个维度，分别为交易维度和关系维度。在组织对员工的责任方面，交易维度是指组织为员工提供具体的、明确的、经济基础和物质利益方面的条件，包括晋升、高薪、绩效工资和良好的工作条件等；在员工对组织的责任方面，交易维度是指员工承担明确规定的工作任务、在组织中遵守行为规范，包括离职前提前告知、保护企业机密、遵守竞业避止承诺和长期服务等；在组织对员工的责任方面，关系维度是指组织给员工提供广泛的、长期的、强调未来发展和社会情感方面的责任，包括培训、职业发展、对个人问题的支持；在员工对组织的责任方面，关系维度是指员工除了完成自己的本职工作之外，更多承担角色外的工作任务以促进组织事业的发展和成功，包括自觉加班加点工作、忠诚于企业和主动去做非要求的工作。国内学者陈加州等（2003）根据二维结构说，对我国西部地区一千多个不同企业、不同行业的员工进行调查发现，虽然中国员工的心理契约中也发现了类似于交易成分和关系成分的两个因子，但是中西方文化因素的影响使得中国员工的心理契约与西方员工的心理契约结构有所不同，并将发现的心理契约的两个维度命名为现实责任和发展责任。魏野（2003）将心理契约的两个维度命名为现实保障和未来发展，并指出现实保障在组织责任方面包括的内容有工作条件、安全环境、尊重员工等，在员工责任方面包括的内容有提高技能、遵守章程、忠于职守等；未来发展在组织责任方面包括的内容有提供稳定工作保障、福利待遇、文化娱乐、绩效奖励等，在员工责任方面包括的内容有长期工作、接受转岗安排、关系和谐、主动建议等。

2. 三维结构说

尽管交易维度和关系维度的心理契约划分方法得到了广泛关注，但是有学者对此提出了不同的见解。Rousseau 和 Tijoriwala（1996）两位学者通过对美国注册护士的研究，提出了心理契约的三维度结构，即交易维度、关系维度和团队成员维度，其中交易维度是指组织为员工提供经济和物质利益，员工为组织承担基本的工作要求；关系维度是指员工与组织之间关注于广泛的、长久的和未来发展方面的联系，双方为彼此的事业发展和成功承担责任；团队成员维度是指员工与组织（或团队）之间重视人际支持和关怀、强调良好的人际环境的建设。

在后续研究中，Dabos 和 Rousseau（2004）通过探索性因素分析和验证性因素分析证明了心理契约包括三个维度，即交易维度、关系维度和平衡维度。其中交易维度及关系维度的界定与 Rousseau 和 Tijoriwala（1996）三维度结构中交易维度及关系维度的界定相同，而平衡维度具有两层意思：其一表示契约双方之间是一种长期的承诺关系；其二表示契约双方之间是一种相互交换的关系，员工需要对具体的工作业绩负责，组织要对员工的发展负责。

中国学者对心理契约结构的研究以李原的三维结构说为代表，李原（2002）通过访谈和开放式问卷的方法编制了心理契约调查问卷，通过问卷调查分析发现，由于中西方文化的较大差异，中国的心理契约维度与西方背景下的心理契约维度有所不同，心理契约的三维结构说更适合中国的企业，并构建了中国文化背景下的心理契约结构模型，指出心理契约在员工层面和组织层面分别存在三个维度：规范型维度、人际型维度和发展型维度，如图 7.1 所示。

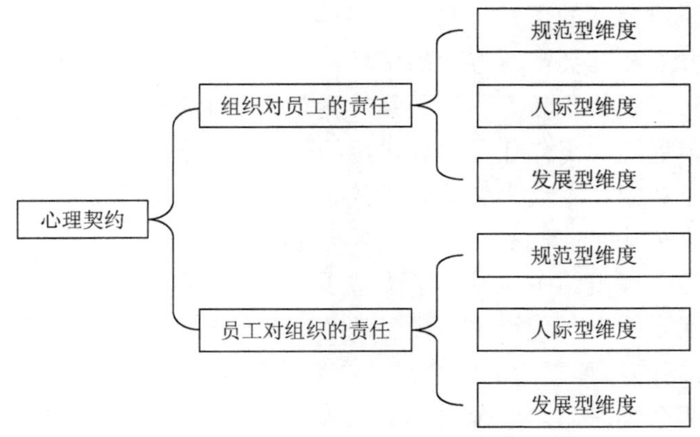

图 7.1　心理契约的三维度结构

3. 其他研究

Freese 和 Schalk（1996）针对组织责任提出心理契约包含工作内容、人力资源管理政策、激励政策、个人发展和社会交往五个方面。Herriot 等（1997）通过对英国各行业的研究，从员工责任和组织责任两个角度提出了心理契约所包含的内容。其中，员工责任主要包括守时、工作出色、忠诚、诚实可信、角色外行为、对组织财产的保护和突破自我的弹性 7 项；组织责任包括培训、沟通咨询、公平、正义、认可人性化、等值的薪水、公平的福利、工作保障、灵活性、安全的工作环境和工作自主权 11 项。

7.1.3　心理契约的特点

（1）主观性。员工心理契约并不是明文规定，它与书面契约在内容方面可能存在一定的差异，心理契约主要是员工对双方责任的主观感受和认知，因此，每个员工对于个人与组织之间的相互关系的理解和体验具有主观性，可能与组织中的其他成员的理解和解释存在差异（Morrison and Robinson，1997）。

（2）差异性。虽然心理契约与期望关系紧密，但是两者之间仍旧存在明显差异。心理契约的主要内容是员工认为组织理应给予自己的回报与支持，相较于期望关系组织未达到员工的期望使员工产生失望感，心理契约违背的后果则是产生更为严重的愤怒，主要表现为更加强烈的消极情感反应和后续行为，包括组织承诺降低、工作绩效下降及辞职等严重的不良后果（Robinson，1996）。

（3）动态性。心理契约与通常较为稳定的正式雇佣契约不同，心理契约处于动态变化中，其内容会随着时间和条件的变化而发生变化。心理契约可能受到组织运作方式调整等相关方面的影响。员工会根据其对公平或不公平感的主观感受对心理契约的内容进行调整和修订，并且心理契约涵盖的范围会随着员工在组织中工作时间的延长而变广，同理，员工和组织间的相互责任与期望的内容也会越来越多（马金等，2000）。

7.1.4　心理契约的类型

Rousseau（1995）根据两个维度将心理契约划分为交易型、变动型、平衡型和关系型四种类型，如图 7.2 所示。两个维度分别为时间结构维度和绩效要求维度，时间结构维度是指雇佣关系的持久性程度，绩效要求维度是指作为雇佣条件的绩效描述的清楚程度。

时间结构 \ 绩效要求	具体明确的	不具体明确的
短时的	交易型 特点：低工作模糊性 高流动率 低员工承诺 低身份感 举例：销售旺季时临时雇佣的售货人员	变动型 特点：高工作不确定性 高不稳定性 高流动率 举例：处于组织减员或公司购并过程中的员工
长久的	平衡型 特点：高员工承诺 高身份感 不断开发 相互支持 动态性 举例：高参与性工作团队中的成员	关系型 特点：高员工承诺 高情感投入 高身份感 稳定性 举例：家族企业中的成员

图 7.2　Rousseau（1995）的心理契约类型

在契约内容和结构的研究中，大量的研究孤立地探讨员工责任和组织责任两个方面，对于二者之间的联系关注很少。Shore 和 Barksdale（1998）的研究应该说在这方面做了一点尝试，这项研究更多关注于心理契约中员工与组织之间相互关系的特点。如图 7.3 所示，Shore 和 Barksdale（1998）认为，根据双方的责任，心理契约可以划分为四种类型：高-高型（员工责任高，组织责任高）、高-低型（员工责任高，组织责任低）、低-高型（员工责任低，组织责任高）、低-低型（员工责任低，组织责任低）。

员工责任 \ 组织责任	高	低
高	高-高型 (平衡型 I) 员工责任高，组织责任高	高-低型 (员工投资过度型) 员工责任高，组织责任低
低	低-高型 (员工投资不足型) 员工责任低，组织责任高	低-低型 (平衡型 II) 员工责任低，组织责任低

图 7.3　Shore 和 Barksdale（1998）的心理契约类型

我国学者余琛（2004）通过研究 Shore 和 Barksdale（1998）的责任感知模型发现，该模型没有反映出组织社会与员工交换的真实状态，并根据组织对自己义务履行程度的认知和员工对自身义务履行程度的认知，将心理契约划分为四种类型，分别为企业履行程度和员工履行程度双高、企业履行程度和员工履行程度双低、企业履行程度高和员工履行程度低、企业履行程度低和员工履行程度高。

我国学者李原和孙健敏（2006）在员工心理契约的实证研究中，采用余琛（2004）的划分方式，并从员工的视角，对四种类型进行了重新命名，如图 7.4 所示。

员工责任 \ 组织责任	较高	较低
较高	共同投资高型	员工投资过度型
较低	员工投资不足型	共同投资低型

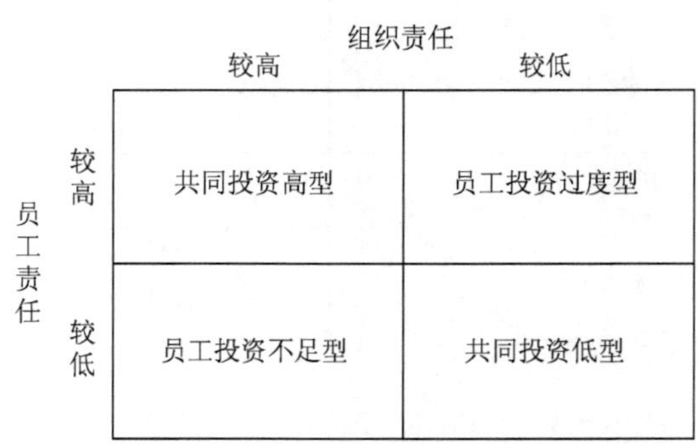

图 7.4　李原和孙健敏（2006）的心理契约类型

7.2　心理契约破裂的诱因

与正式契约不同，心理契约并非订立之后就一成不变，其具有可变性，随着环境和员工与组织双方责任的变化，心理契约的内容也在不断调整，而心理契约变化中影响最深远的便是心理契约的违背与破裂。余琛（2010）认为当员工已经履行责任，而认为组织没有履行相应的责任时，员工便会认为雇佣关系不公平，感知到心理契约违背，并采取措施对雇佣关系进行平衡。

Morrison 和 Robinson（1997）认为心理契约未履行会产生相应的认知评价与情感反应，在两者之间存在一个复杂的解释过程，并构建了心理契约违背的发展模型，在此模型中，员工感知到的心理契约违背被分为三个阶段，分别为感知到承诺未履行、感知到契约破裂和感知到契约违背。其中，感知到承诺未履行和感知到契约破裂是员工对组织没有实现其在心理契约中应承担的责任的认知，而感知到契约违背是员工在认知的基础上产生的一种情绪体验。如图 7.5 所示，心理契约违背的每一个阶段都受到不同的认知加工过程的影响。由图 7.5 可知，造成员工感知到承诺未履行的原因包括两个方面，分别为组织拒绝履约和组织与员工理解不一致。而组织拒绝履约又分为两种情况，分别为组织没有能力履约和组织不愿意履约，其中，组织没有能力履约主要是由于客观环境的变化，如组织变革、经济危机等，所以组织非自愿地丧失履约的能力；组织不愿意履约是指由于组织管理层认为履约成本高于违约代价时，而故意选择不履约的行为。组织与员工理解不一致是现实中导致心理契约破裂最重要的原因，即组织认为已经履行自身责任，而员工却认为组织并没有完全兑现承诺，抑或是组织与员工在心理契约建立前后缺乏沟通导致双方理解出现分歧。此外，心理契约没有规范的固定格式增加了其自身的复杂性和模糊性，从而导致双方理解出现差异。当员工感知到组织未履行承诺后，经过员工对组织提供的利益与组织承诺的利益之比和员工做出的贡献与员工承诺的贡献之比的比较这一过程，进而促发员工心理契约的破裂，在一定条件下产生心理契约的违背。

有学者研究发现心理契约违背发生后，员工主要出现离职、降低职务内的绩效、降低职务外的绩效和反社会行为等消极反应。王凯（2008）研究认为心理契约对员工的工作绩效有显著的影响；Lester 和 Kickul（2001）研究表明心理契约的履行程度与离职倾向、工作满意度、工作绩效和组织公民行为显著相关。因而，心理契约的破裂对员工的工作绩效将产生严重的负面影响，进而影响组织目标的实现，阻碍组织健康持续发展。

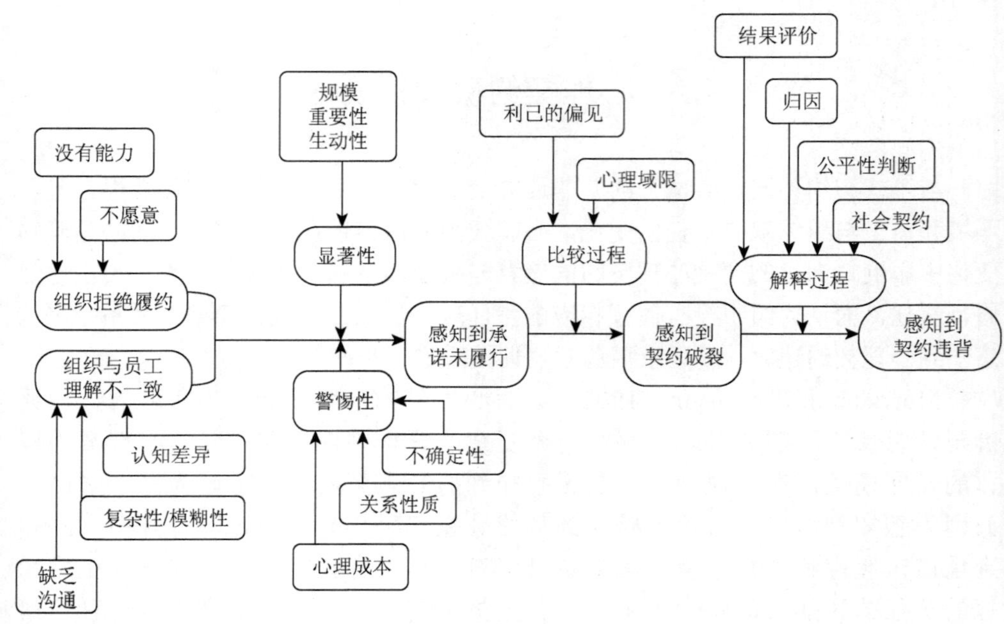

图 7.5　Morrison 与 Robinson（1997）的心理契约违背的形成过程模型

7.3　案 例 分 析

7.3.1　企业概况

G 公司成立于 20 世纪 80 年代，曾是中国最大的以家用电器和电子产品零售为主的全国性零售企业。2003 年，公司登陆中国香港市场，为了进一步拓展业务、占领市场，2003 年底，G 公司在东北地区成立了大连分公司。大连分公司的成立成功打破了该地区家电业由个别商家垄断的局面。大连分公司凭借公司品牌优势，结合区域家电零售市场的实际情况，以诚信的经营理念与完善的售后服务逐步打开了大连地区家电零售市场；通过完善的服务和优惠的价格，取得了消费者的信任和支持，大连分公司的各项业绩取得了突飞猛进的发展。2004 年，公司股票在中国香港成功上市。

经过最近几年的优化及改革，截至 2016 年末 G 公司大连分公司拥有 25 家门店共 1516 人。管理层包括：总经理 1 人、总监 8 人、部门经理 12 人、采销主管 8 人、职能主管 87 人、主管级以下 23 人，合计管理人员 139 人。

目前，中国零售行业在电商的冲击下，面临着全新的消费环境，企业如何在当今市场获得生存的空间，已经成为当今企业面临的最大问题，那些怀揣梦想、富有创造性、能吃苦的管理人员，成为这个行业的急缺人员。而随着市场的变化和经济形势的转换，年龄偏大的人群正在被这个行业所淘汰，年轻人群又缺乏经验和管理能力，所以在这个阶段，高端人才的储备成为行业上最重要的事情。

G 公司早就已经意识到人才是企业在商业市场中最有竞争力的因素，在 2005 年就开始启动储备人才的招聘和培养工作，然而在实际工作中，G 公司储备人才的留任情况，如表 7.1 和表 7.2 所示。

表 7.1　储备人才留任情况统计表

项目	2005 年	2006 年	2007 年	2008 年	2009 年	2010 年	2011 年	2012 年	2013 年	2014 年	2015 年	2016 年	合计	留任比例
入职人数/人	43	14	15	19	15	26	15	15	10	21	20	23	236	18.64%
在职人数/人	6	2	2	2	0	3	2	0	4	7	3	13	44	

表 7.2　在职储备人才职级统计表（2016 年数据）　　单位：人

总人数	高级管理人员	中级管理人员	初级管理人员	销售人员
88	0	2	24	62

由表 7.1 和表 7.2 数据可知，G 公司虽然早已意识到人才的重要性且采取了相应措施对管理人才进行储备，但并未达到预期效果，自 2005 年人才储备计划实施以来，留任率仅有 18.64%，且在职的 88 位储备人才中仅有 2 人为中级管理人员，其余均为初级管理人员和销售人员，并无 1 人成为 G 公司高级管理人员，可见 G 公司的人才储备计划并未实现其应有效用。

7.3.2　G 公司储备人才离职案例

1. 新生代员工小刘的困惑

G 公司离职的储备人才中小刘是具有新型职业生涯态度的典型代表，他是重点大学毕业生，在校园招聘时被 G 公司储备人才计划吸引，放弃出国留学的机会加入 G 公司，希望凭借自己的努力快速走上管理岗位。此时，小刘与 G 公司间的心理契约已经形成，但在后续工作中，心理契约并没有被有效维护。由于 G 公司门店的特殊性质，小刘作为储备人才在基础岗位轮岗时，每天的工作内容与一线销售人员无异，且薪资水平并不能满足生活基本需求，并经常承受来自顾客和上级的辱骂与批评，这与 G 公司在宣讲时提及的储备人才培养情况大相径庭。G 公司未能兑现其宣讲时的承诺，没有承担相应的职业生涯管理责任，违背了二者达成的心理契约。半年过去了，小刘的工作也并未见起色且晋升机会渺茫，付出和回报的不对等让小刘对组织的信任度与期待度不断降低，导致心理契约破裂，对于留在 G 公司继续发展也产生了怀疑。

2. 优秀员工离职风波

倩倩的离职正是由于对企业政策制度产生怀疑及与企业文化的不相容性。2013 年 G 公司招聘的 10 位储备人才中，倩倩和文文来自同一所学校，二人平时互相帮助、取长补短，很快成为门店管理中心的主力。倩倩默默无闻、心思缜密、思想活跃但是不善于表达；文文则性格外向、沟通能力极强，但是工作毛躁不细致。在一次晋升主管考核中，公司采取了 360 度考核方法，考核项目都是主观评价，毋庸置疑文文占领了优势，晋升成主管。倩倩对这一结果充满了疑问，认为自己的踏实工作并不是公司需要的品质，自己也不想再做无谓的付出，很快便递交了辞呈，去了竞争对手的公司任职，半年后该部门相继有人提出离职，跟随倩倩一同去了这家公司。不仅如此，公司又有其他部门的储备人才也正准备离开 G 公司，加入到倩倩所在的公司。据了解，这家公司与 G 公司工作流程相近，不存在角色转换问题，而且这家公司管理层年轻化，晋升机制灵活，年年都有晋升机会，工资也高于 G 公司。

3. 核心骨干无奈辞职

小王是东北财经大学研究生，2010 年加入 G 公司大连分公司储备人才计划，优秀的工作能力使其多次被授予优秀员工和核心骨干称号。五年来小王的工作经验和工作能力得到了积累，但她的职位和薪资却没有丝毫的提升与增长，原因只是公司领导层过于稳定，没有合适的晋升岗位。小王对此向分部领导提出意见，但并未得到正面答复，小王因此更加感到委屈不平。后来，小王凭借其出色的工作能力找到了薪资更多、职位更高的工作，在年初的第一天给领导发了微信，就再没有出现在公司。

小于也是资深员工离职的典型代表，2003 年经由储备人才计划进入 G 公司大连分公司，并为此放弃了在校读研的机会。2004 年初，小于凭借优秀的工作能力成为第一个晋升的储备人才，并为门店销售创造了不菲的业绩，2005 年晋升为门店代理副店长。然而在以后 10 年中，小于的工作都处于不稳定状态，先后被派至开发区、瓦房店和山西分店进行支援，且经常受到直线领导的排挤和不公正对待。2015 年，面对互联网的冲击，总部领导开始启用年轻人，小于本以为此次变革可以赢得晋升的机会，工作又充满了热情，但结果却令人失望，由于某些私人原因，由总部空降一位对大连市场毫无了解的事业部部长担任新的领导岗位，也正是此事彻底伤了小于的心，小于离开了这个曾经为之奋斗的地方。

以上四个案例均体现了心理契约由建立到破裂的全过程，员工与组织在建立雇佣关系之初彼此间形成了心理契约，员工承诺为组织发展贡献力量，组织也应承担相应的员工职业发展管理责任。心理契约处于动态变化中，受到外界环境和个人主观因素的影响，新型职业生涯下雇佣关系的改变加大了心理契约的不确定性，心理契约变得更加脆弱，需要组织和个人给予其更多关注，采取相关措施以有效维护。然而，员工与组织间的心理契约是无形的，并不能直接体现为组织绩效的增长，在企业环境严峻的情况下，企业更加注重利益的获取，因此，心理契约的维护往往被组织忽视。

7.3.3　G 公司储备人才相继离职的原因分析

G 公司人力资源部对 2015 年和 2016 年离职储备人才中的 20 人进行了问卷调查与访谈，其中从事基本管理岗位的 8 人（占 40%），销售人员 12 人（占 60%）。调查结果显示，入职后一年以内、满三年和满一年是储备人才离职的高峰期，其中入职后一年以内离职的有 11 人，占调查人数的比例为 55%，满三年离职的员工占比 20.5%，入职满一年离职的员工占比 14.5%，满两年和满五年及以上离职的储备人才分别占比 4.5%和 5.5%，相差并不明显，具体数据见表 7.3。

表 7.3　被调查人员工作年限统计表

年限	离职比例/%
满五年及以上	5.5
满三年	20.5
满两年	4.5
满一年	14.5
一年以内	55

另外，对这 20 位离职储备人才的离职原因（多选）进行的统计调查显示，排名前三的离职原因分别是薪酬低福利差（占 85%）、未来发展前途渺茫（占 70%）和工作满足感缺失（占 50%）。相比于排名前三位的离职原因，其他原因的占比相对较少，分别为与领导者观点发生分歧（占 35%）、工作压力大（占 35%）、绩效考核不合理（占 30%）、员工自身原因（占 15%）、工作环境差（占 10%）及其他（占 5%）。由统计数据可知，传统的职业成功标准，如工作压力、绩效考核、工作环境等对员工的离职影响并不明显，员工更加注重主观感受，注重自身职业发展与满足感的获得，具体数据见表 7.4。

表 7.4　被调查人员离职原因统计表

离职原因	员工人数/人	占比/%
薪酬低福利差	17	85
未来发展前途渺茫	14	70
与领导者观点发生分歧	7	35
工作满足感缺失	10	50
工作压力大	7	35
绩效考核不合理	6	30
员工自身原因	3	15
工作环境差	2	10
其他	1	5

由表 7.4 数据可知，G 公司储备人才的相继辞职，是个人与企业双方共同作用导致心理契约破裂的结果。因此，根据易变性和无边界职业生涯理论及心理契约理论，从影响储备人才离职的个体因素和客观因素两个方面入手，对上述心理契约破裂导致员工离职的案例进行剖析。

1. 影响 G 公司储备人才离职的个体因素

由表 7.3 可知，储备人才在入职一年内的流动性是最高的，处于最不稳定的时期，此时员工新加入公司，对公司及所从事职业的了解都还处于理想阶段，并对自身未来职业发展和公司前景都充满信心与期待，通过组织社会化与企业建立了心理契约。一旦在实际工作中发现现实情况与理想出现不一致，产生心理落差，且在该公司中问题并不能得到改善，那么就会对自身职业发展产生困惑，对继续在该公司中任职产生疑问，出现心理契约破裂的迹象。而 G 公司对储备人才的个性、职业心态、职业发展等观念和行为的变化缺乏应有的重视。

1）个性特征与企业文化不契合

个性是指人所具有的独特的、较稳定持久的、习惯性的行为模式或倾向。受到新型职业生涯的影响，近几年新入职的储备人才普遍持有无边界职业生涯态度，更加注重自我职业生涯发展，强调个性和发展前景，他们更加注重个性的张扬、公平的竞争环境及和谐的工作氛围，寻求个人特点与企业需求的契合。案例中的小王和倩倩都是极具自我个性的新生代员工，但是在 G 公司中却受到了不公正待遇，承受顾客的不满和上级的批评，因个性沉默而被众人忽视，这些不和谐的工作环境及不公平的考核机制，会压制新生代员工对个性张扬的需求，极大地影响其工作的积极性及为组织奉献的精神动力，这时寻求并改变现有状态是其必然选择。

2）无边界职业生涯态度促使员工寻求更好的职业发展

按照 Hall 等学者的观点，新型职业生涯的出现影响了人们的职业生涯态度。这种新的职业生涯心态与传统职业生涯心态的不同之处，在于员工对企业的忠诚度降低，更倾向于用自我价值观来指导自己的职业行为、独立自主地管理自己的职业行为。一旦自己的职业生涯目标受阻或难以实现，便产生流动性偏好。他们不再要求与组织建立长期稳定的雇佣关系，而是寻求更大、更好的发展平台以实现职业理想，关注点由组织承诺逐渐转变为职业承诺，因此，在心理契约破裂后往往会选择离职以寻求新的发展机会。调查结果证实，G 公司离职的储备人才其离职原因多是感到自身职业发展受到局限、对未来前景感到迷茫、期望在新的环境中获得更好的发展机会和平台。

3）个人-组织职业生涯管理不契合使员工与组织间出现“裂缝”

传统的个人-组织契合理论强调，个人的需求与组织的供给契合、个人的能力与组织的要求契合、个人的价值观与组织的价值观契合。从 G 公司储备人才相继离职的案例中发现，个人-组织职业生涯管理契合应该是个人-组织契合理论的必要延伸。由于传统的职业生涯正在向易变性和无边界职业生涯转变，个人开始自主管理其职业生涯，不再依赖于组织，而此时如果组织忽视了将个人职业生涯管理与组织职业生涯管理有效匹配，必然导致双方之间出现“裂缝”。储备人才都具有较强的工作能力，渴望在工作中获得认可并实现职业发展的可持续性，达成自我目标，而一旦目标难以实现，个人便会果断做出离职决策。上述案例显示，职业生涯发展路径受阻是 G 公司储备人才相继离职的主要原因之一。G 公司对储备人才的职业生涯发展没有合理规划，忽视了他们对于自身职业发展的期望与规划，其个人价值不但在工作中未及时给予肯定与嘉奖，反而由于晋升通道的阻塞和不公正而阻碍了储备人才的职业发展道路。小刘等储备人才都是由于发现公司对其职业生涯发展的承诺与现实情况不符合，即个人职业生涯设计与组织职业生涯管理不匹配，职业生涯发展路径出现障碍，心理契约破裂后提出辞职的。

2. 影响 G 公司储备人才离职的组织因素

心理契约的形成、维护和破裂都是个人与组织共同作用的结果，因此，影响 G 公司储备人才相继离职的因素除了个体因素外，还有许多组织方面的因素。由学者对心理契约的研究可知，心理契约是员工和雇主对双方关系中隐含的互惠承诺与责任的理解，代表了雇佣双方对彼此的期待，具有主观性及动态性。由 Morrison 与 Robinson（1997）构建的心理契约违背的过程模型可知，组织不能履约、拒绝履约，以及个人和组织对双方承担责任与期待理解的不一致，都是导致心理契约破裂的原始因素。

由表 7.3 可知，被调查的 20 位储备人才中，工作满三年是第二个离职高峰期，这个时期的员工相比于入职不满一年的新员工，对公司的政策、制度及自身职业属性和发展前景，都有了一定程度的了解和认知，对未来工作规划也较为清晰明确。他们的工作经验和工作能力往往使其成为组织中的核心骨干，受到同事和业内人士的认可，并有希望通过自身努力实现其奋斗目标，以实现人生价值。但是这部分员工也最易被组织忽视，其渡过入职最初最不稳定的一年，与组织建立了相对稳定的心理契约，并相信可以凭借自身实力获取组织认可，赢得更大的发展机会，因此工作满两年时员工的离职率并不高，仅占 4.5%。然而工作满三年的员工离职率骤升到 20.5%，可见员工在工作成熟期的晋升需求、福利待遇等并未得到满足，公司在职务安排、考核制度等方面未能考虑到这些成熟员工的需求，才会让他们对继续在公司中留任的发展前景失去信心，同时，面对家庭、社会和工作的压力，他们对在工作中取得成就和认可的渴望程度增加。而当员工对组织提供的利益与组织承诺的利益之比和员工做出的贡献与员工承诺的贡献之比进行比较后，如若比较结果令员工感知组织承诺未履行，那么会进一步加速心理契约破裂。而在竞争激烈的外部环境下，组织并不能清晰认识到心理契约的重要性，未能及时维护并加强与员工之间的心理契约，导致心理契约破裂，员工离职。

1）组织未有效承担新员工职业生涯管理责任

上文提及新生代员工普遍具有无边界职业生涯态度，倡导自我价值主导的职业生涯，提倡更自由的发展平台和发展空间。为此，职业生涯管理究竟应由个人承担还是应由组织承担，或者由二者共同承担，成为学者们关注的焦点。然而，一些组织在实践中往往选择放弃承担组织职业生涯管理责任，或者未能有效承担员工职业生涯管理责任。尤其是员工在加入企业之初，需要企业给予正确的指引，使其树立合理的职业发展目标，并建立清晰的职业生涯规划。因此，G 公司在招聘之初，承诺本公司的储备人才晋升快、机会多，为新员工提供优质的发展平台。然而，在实际工作中，组织对储备人才的职业生涯规划并不清晰明确，不能帮助新员工对所从事职位进行更深入、细致的了解，没有为其制定更符合自身能力的职业生涯发展目标，未尽到组织应承担的职业生涯管理责任，使员工对未来发展充满迷茫。

2）组织对员工的考核机制缺乏公平性

倩倩及其他部门储备人才的离职案例，也是心理契约破裂导致离职的典型案例。新型雇佣关系为心理契约的内容带来了改变，员工更需要公平的竞争环境和考核机制。新生代员工更加渴望实现自我职业生涯管理与发展，公司在大胆启用人才的同时，还应给予员工充分的发展平台和空间，满足在新型职业生涯中员工对职业成功的转变需求。G 公司采取的 360 度考核方法丧失了公平性，没有全面考虑到员工的工作性质和客观绩效评价，使员工感觉到不公正待遇，丧失了对企业文化的认同，心理契约难以维持。

3）组织中核心员工晋升通道闭塞

对于在公司中工作数十年的资深员工，他们往往具有极富竞争力的工作能力和对组织有较深厚的感情，并在组织中获得了同事和领导的认可与赞赏，在职业晋升中具有更大优势，也因此会为组织奉献更多能力。但是企业对这些员工的职业生涯管理却往往不能满足其实际需求，晋升通道的阻塞及不公正待遇极大地打消了他们工作的积极性，感知到的付出与回报并不对等，多年来对组织的感情出现裂痕，致使心理契约破裂。

综上所述，心理契约破裂是员工离职的本质原因，受到个人和组织的共同影响，隐含了双方对彼此责任与义务的理解，是无形的且具有主观性。当双方发现实际情况与其理解出现偏差，感知到对方未履行其承诺，那么心理契约就会有破裂的危机。如果此时双方不能正视问题，不及时采取有效措施重构心理契约，心理契约将有极大的可能出现破裂。心理契约一旦破裂，组织对员工的约束力将极大减弱，员工离职现象将频繁出现。人才是企业的宝贵财富，企业不能搞形式主义，应对其给予重视，建立更为包容的企业文化，为其提供公平合理的发展平台和机会，履行组织对员工的职业生涯管理责任，杜绝不公平的考核和晋升阻碍员工发展的现象，妥善维护心理契约。

7.4　心理契约后违背模型

我们会发现，在实际工作中，导致心理契约破裂的因素众多，对于员工而言，组织任何一个未履行的承诺都有可能导致员工期望得不到满足、丧失公平感，从而心理契约破裂。而探究其本质，心理契约破裂后的最终受损者实为组织和员工。然而，以往研究中多关注于心理契约破裂的诱因及后果，对发生心理契约破裂后应对机制的研究则相对不足。Tomprou 等（2015）认为心理契约破裂后的应对机制与防止其诱因的发生同等重要，因此，构建了心理契约后违背模型（post-violation model），系统地解释了心理契约破裂后，作为受损者应如何应对其带来的后续消极影响及这一过程对其后续心理契约的影响。该模型的关键点是受损者拥有一种信念，即能够解决心理契约破裂情况及其影响因素的信念。该模型指出了受损者是如何参与到导致一系列潜在心理契约结果的自我调节过程中，可能的结果包括形成原始的（即破裂前）契约，形成可能比原来的契约更具有或更不具有优势的新契约，或者是受损者间心理契约重构失败的解体状态。

心理契约破裂是一种员工在心理契约与实际经历之间所感知到的差异。当员工经历或体验了某个重大差异或损失后，出于愤怒、痛苦等原因就有可能认为违约行为已经产生。心理契约的轻微差异（即轻微的违约行为）往往仅引起有限的注意（Rousseau，2011），所以员工可能判断其雇主未能履行契约的某些方面，但却感知不到契约破裂（Robinson and Rousseau，1994）。然而，重大的或其他显著的差异则会让员工产生巨大的需要审视自身环境的认知，因此，心理契约破裂的可能性大大增强。心理契约后违背模型指出，心理契约遭到破坏时，就会引发一个自我监管的过程，受损者通过这种过程与雇主重新建立心理契约，来谋求承诺未履行的解决措施并消除负面影响。违约得到解决是指受损者认为原始心理契约与实际经历之间的差异已经减少，相关的负面影响消失。因此，通过减少感知（认知）差异和负面（情绪）影响来解决心理契约破裂，这两种截然不同的心理结构要协同运作。

主要的自我监管体系是差异反馈循环，它监测个人目前的经历（如就业条件）和与其相关的某些标准（如心理契约），并激励主体努力减少二者之间的负面差异（Adams，1965）。在检测到差异后决定是否采取行动，则受到个人对能否成功减少差异的可能性评估的影响（Carver and Scheier，1982）。主体在工作环境（如面对新的主管）中缺乏支持会阻止个人做出减轻差异行为的尝试（如与主管就承诺未履行行为的洽谈）。另外，Bandura（2004）指出社会和情感支持（如促进者）会通过帮助个人有效应对来促进差异化的减少。努力减少差异是试图使个人对环境的看法符合其预设标准，同时，减少差异可以减少承诺未履行所触发的负面影响，并帮助个人进行情绪恢复。在心理契约破裂的情况下，受损者可能会积极寻求以重新获得现在或将来晋升的承诺，以使他目前的晋升机会与原始心理契约保持一致；或者，受损者可能改变其目标，以使目标符合当前的情况（Carver and Scheier，2001；Wrosch et al.，2003），从而降低相关的期望或标准。

如图 7.6 所示，员工试图解决承诺未履行所带来的负面影响时，会受到组织响应能力的影响，组织响应能力表示其约束或支持该行动的程度。学者 Detert 和 Burris（2007）认为，员工倾向于在提出威胁现状的敏感问题之前评估其行为的后果，如果该组织表示承认承诺未履行和具有解决问题的意愿，员工对解决问题的信心会更强，即使组织在修复承诺未履行行为方面的努力有限，解决方案仍然可能成功。组织可能无法在经济衰退期间补救承诺的提款或在裁员后提供职位的晋升，然而，要勇于承认承诺未履行行为，并表示愿意在将来解决此类问题（Ohbuchi et al.，1989）。另外，要对员工有效传达积极的消息，让其了解并接受实际情况，可靠的解释可以有效减少员工对组织的误解（Schlenker et al.，2001），使未来心理契约重构的可能性更大。相比之下，组织未能承认承诺未履行行为或未表示愿意修复违约行为时，员工往往认为解决该问题的可能性较小。

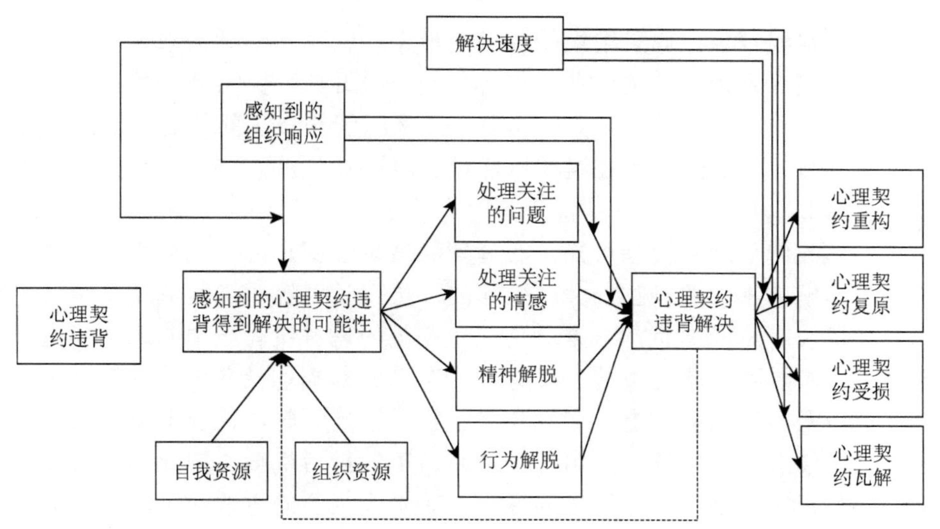

图7.6 心理契约后违背模型

由以上分析可知，心理契约破裂并不是员工和组织关系的终结点，适当的措施是可以对心理契约重构起到促进作用的。可从组织和个人两方面采取积极的解决措施，员工通过自身的监管发现问题所在，调节认知差异并平复情绪，组织则要为员工提供资源，并积极响应员工的自我调节行为，共同寻求解决问题的方案，通过努力实现心理契约的重构。在这一过程中，组织和员工都扮演着至关重要的角色。

7.5 心理契约的重构

由前文分析可知，心理契约对员工离职与否起到关键性作用，人才是企业的宝贵资源，企业要充分发挥人才的价值，才能在同行竞争及外界环境的影响下占据优势，因此，企业应给予心理契约足够的重视。心理契约是员工与组织间无形的对彼此责任和期望的约定，是维系二者互惠关系的基石，由于其并不能以直观的形式表现为组织所追求的组织绩效，而被多数企业忽视其在维系雇佣关系方面的重要作用。很多企业在招聘到优秀的员工后，由于企业自身条件有限或受到经济环境的影响，不能或拒绝履行其对员工的承诺，员工对未来发展感到希望渺茫，且组织方面已经破坏了二者间的心理契约，所以，员工往往也拒绝履行其对组织尽责的承诺，最终心理契约破裂。另外，虽然新型职业生涯影响了人们的择业观念与职业生涯成功标准，但是无边界职业生涯态度代表的是一种无组织边界的工作倾向，人们渴望在跨部门与跨组织中增强自身工作能力、实现自我价值。如果组织能够满足员工的物质和精神需求，积极承担职业生涯管理责任，为员工的职业发展提供公平、开放、灵活的竞争机制，与员工共同建立和谐的工作环境、共担责任，那么组织与员工间的心理契约将得到有效维护，员工也会继续留在组织以实现自身职业生涯发展目标，并为组织发展贡献力量。

由心理契约后违背模型可知，心理契约破裂最初是由个人与组织对彼此责任和期望理解的不一致产生的分歧引起的，员工认为组织未能兑现其承诺，组织认为员工没有尽职尽责，双方对责任和期望的理解没有一个明确的界定，理解偏差进一步导致彼此间不满。案例中，G 公司对离职储备人才的管理中，极少与其进行及时有效的沟通，在员工向上级反馈问题时，往往敷衍了事，对待员工的付出没有公正的评价，错过了挽回员工的最后机会。因此，能否控制心理契约违背很大一部分要靠管理的魅力，其中最主要的方法还是沟通，只有组织与员工保持良好的沟通才能减少理解不一致，降低员工的警惕性，使员工在比较的过程中不发生偏差，解释过程向着有利于组织和员工发展的方向进行，最终减少心理契约违背的发生，促进组织与员工共同进步。由心理契约后违背模型可知，心理契约破裂后并不是不可修复的，甚至可以在原有基础上得以强化，关键在于员工与组织是否都为修复心理契约而付出努力。因此，员工和组织在面对问题时都应毫无保留地为解决问题出谋划策，积极提供各种有效资源，树立解决问题的信心，在充分交流和公平的基础上，维护双方宝贵的信任，这将是企业未来人才竞争中的一个法宝。同时组织也要积极承担组织职业生涯管理责任，与个人共同管理其职业生涯，寻求个人和组织职业生涯管理契合，构建责任共担的企业文化，让员工积极参与到企业的建设中，加强双方的心理契约。具体可以采取以下措施实现心理契约重构。

7.5.1 建立畅通的信息传递及反馈机制

员工心理契约破裂的重要原因之一便是组织与员工双方对需求理解的偏差。为此，组织应该建立有效畅通的沟通机制，既要将组织对员工的责任和义务要求明确传递给员工，又要增强员工在组织中的参与感，赋予员工一定的发言权，使组织成员感受到组织给予自己的尊重，增强其自身成就感和自豪感，提高组织成员对组织目标和行为的认同感。组织还要不断了解员工的需求，为员工提供有效的反馈渠道，建立上下沟通的良性机制，合理听取员工对组织未能满足其需求所提出的建议，不断调整双方的认知行为，减少摩擦和冲突，提高双方之间的信任，使双方的期望和愿景实现协调一致，增加员工对组织的忠诚度，以提高其工作绩效。

7.5.2　建立个人与组织契合的职业生涯管理模式

在新型职业生涯下，职位、薪酬等客观标准已不再是员工追求职业成功的唯一目标，员工更加关注主观职业成功。如何使员工在新型职业生涯下获得职业成功，从而为组织做出更大的贡献，应该是组织和员工共同关注的问题。Baruch（2004）研究指出，新型职业生涯中，员工更加期望提高自身的可就业能力。Granrose 和 Portwood（1987）提出了个人与组织职业生涯管理契合的自我职业生涯管理模型，该模型指出员工感知到的个人与组织职业生涯规划的契合度能够对员工的态度产生影响。如果契合度较高，员工的满意度和组织承诺就越高；反之，员工的不满意就会产生，进而在组织内部和组织外部寻找可替代的方案。因此，组织应为员工提供完善的能力培训，制订有效的发展计划，帮助员工提高自身可就业能力，提高员工对组织的满意度，并为组织创造更大的价值。龙立荣等（2002）编制了适合中国国情的组织职业生涯管理量表，验证了组织职业生涯管理对组织承诺、职业满意度等产生的积极影响。

7.5.3　实施人力资源管理战略转型

现代人力资源管理与传统人事管理存在重大区别，新型职业生涯下员工的组织忠诚度和组织承诺降低，员工流动频繁，组织发展环境和员工主体也发生了变化。在过去，组织将人力资源视为成本，依据对员工职权和责任的明确规定与相关法定程序，促使员工被动地照章行事。如今，人力资源管理已经开始进行战略转型，在实践中出现了三支柱的管理模式，分别为人力资源业务合作伙伴计划、人力资源共享中心和人力资源专家。组织通过人力资源管理转型，从战略角度对人力资源管理制度、策略等进行重新规划，既要让员工感受到组织的支持与关心，又要帮助员工提高自我认知能力，为员工的职业生涯管理提供决策支持。人力资源管理者应从心理契约角度，对员工行为、态度及其形成和发展展开研究，以便在战略层面将人力资源的作用发挥到最大，促进组织目标的实现。

7.5.4　组织和员工共同担责

古典学派代表人物 Schalk 和 Freese（1997）认为，由于组织与员工之间隐含的交换关系，雇佣双方进行决策时，必须对各自的义务进行权衡，即心理契约包括组织责任和员工责任两方面内容。这就要求员工与组织之间应该建立一种相互担责的心理契约，即为了保持或提高员工在组织内外部的可就业能力，组织和员工应对职业生涯管理共同承担责任。其中，组织责任主要是组织向员工提供工具、开放的环境和机会，以评估和发展员工的技能和能力，使其保持就业的竞争力。组织对员工的承诺包括不再提供终身就业的机会，但要发展员工终身就业的能力，即使员工有朝一日离开这里，仍然能够凭借自己在劳动力市场上的竞争力，获得一份满意的工作。员工责任主要是对自己的职业生涯进行管理，且要对所任职的组织的目标做出某种承诺，并为组织的成功做出更大的贡献。员工对组织的承诺包括负责自己的职业生涯管理，要不断提升自己的能力，适应组织发展的需要，只要在这个组织工作一天，就为组织做出一天的贡献。这种多变的职业生涯心理契约是一种典型的双赢模式，员工和组织通过这种相互承诺获益，组织鼓励员工提高自我职业发展能力，其结果是员工自身的竞争能力获得提升，同时，组织也将从中受益，获得员工更有价值的付出与回报。

新型职业生涯中，组织在保证可持续发展的前提下，应承担起对员工的责任以建立平等的交换关系，更好地获得员工的忠诚、态度和各项技能；而员工应该主动承担起自身发展责任，对自身市场主体和自我代理人的角色进行定位，处理好组织与自身的雇佣关系，在工作中表现出职业素养和精神，争取为组织创造更大的效益。

7.5.5 构建和谐的组织文化

在新型职业生涯下，员工的职业发展观念、价值观等均发生了变化。而组织文化是组织的灵魂，是所有组织成员的共同价值观，在无形中对组织成员的心理形成了规范和指引。一旦组织成员违反了组织规则就意味着损害组织利益，此行为自然会受到组织其他成员的指责与排斥。组织应通过构建和谐的组织文化，以提高员工对组织目标、规范和行为等的心理认同感。和谐的组织文化能够促使员工在考虑自身利益的同时，站在组织的角度考虑组织的长效发展和持续增益。因此，组织在员工心理契约重构时，应积极创造和谐、有特色且与组织目标相契合的企业文化，制造有利于组织发展的企业文化氛围。

参 考 文 献

陈加州，凌文辁，方俐洛. 2003. 企业员工心理契约的结构维度[J]. 心理学报，35（3）：404-410.

李原. 2002. 员工心理契约的结构及相关因素研究[D]. 北京：首都师范大学.

李原，郭德俊. 2002. 组织中的心理契约[J]. 心理科学进展，10（1）：108-113.

李原，孙健敏. 2006. 雇用关系中的心理契约：从组织与员工双重视角下考察契约中“组织责任”的认知差异[J]. 管理世界，（11）：101-110.

龙立荣，方俐洛，凌文辁. 2002. 组织职业生涯管理及效果的实证研究[J]. 管理科学学报，5（4）：61-67.

马金 P，库帕 K，考克斯 C. 2000. 组织和心理契约[M]. 王新超译. 北京：北京大学出版社.

王凯. 2008. 心理契约对企业员工绩效影响的实证研究[D]. 北京：中国人民大学.

魏野. 2003. F 银行员工心理契约分析与对策研究[D]. 沈阳：东北大学.

余琛. 2004. 四类不同心理契约关系的比较研究[J]. 心理科学，27（4）：958-960.

余琛. 2010. 心理契约视角：知识型人才职业成功的内外动力研究[M]. 杭州：浙江工商大学出版社.

Adams J S. 1965. Inequity in social exchange [J]. Advances in Experimental Social Psychology，2：267-299.

Bandura A. 2001. Social cognitive theory：an agentic perspective [J]. Annual Review of Psychology，52（1）：1-26.

Bandura A. 2004. Health promotion by social cognitive means [J]. Health Education & Behavior，31（2）：143-164.

Baruch Y. 2004. Transforming careers：from linear to multidirectional career paths：organizational and individual perspectives [J]. Career Development International，9（1）：58-73.

Carver C S，Scheier M F. 1982. Control theory：a useful conceptual framework for personality-social，clinical，and health psychology [J]. Psychological Bulletin，92（1）：111.

Carver C S，Scheier M F. 1990. Origins and functions of positive and negative affect：a control-process view [J]. Psychological Review，97（1）：19.

Carver C S，Scheier M F. 2001. On the Self-Regulation of Behavior [M]. Cambridge：Cambridge University Press.

Conway N，Briner R B. 2005. Understanding Psychological Contracts at Work：A Critical Evaluation of Theory and Research [M]. Oxford：Oxford University Press.

Coyle-Shapiro J，Shore L，Taylor S，et al. 2004. Taking stock of psychological contract research：assessing progress，addressing troublesome issues，and setting research priorities[A]//Shore LM，Taylor M S，Tetrick L E. The Employment Relationship：Examining Psychological and Contextual Perspectives[C]. Oxford：Oxford University Press：5-28.

Dabos G E，Rousseau D M. 2004. Mutuality and reciprocity in the psychological contracts of employees and employers [J]. Journal of Applied Psychology，89（1）：52.

Detert J R，Burris E R. 2007. Leadership behavior and employee voice：is the door really open? [J]. Academy of Management Journal，50（4）：869-884.

Freese C，Schalk R. 1996. Implications of differences in psychological contracts for human resource management[J]. European Journal of Work and Organizational Psychology，5（4）：501-509.

Granrose C S，Portwood J D. 1987. Matching individual career plans and organizational career management [J]. Academy of Management Journal，30（4）：699-720.

Herriot P，Manning W E G，Kidd J M. 1997. The content of the psychological contract [J]. British Journal of Management，8（2）：151-162.

Johnson J L，O'Leary-Kelly A M. 2003. The effects of psychological contract breach and organizational cynicism：not all social exchange violations are created equal[J]. Journal of Organizational Behavior，24（5）：627-647.

Lester S W，Kickul J. 2001. Psychological contracts in the 21st century：what employees value most and how well organizations are responding to these expectations [J]. People and Strategy，24（1）：10.

Morrison E W，Robinson S L. 1997. When employees feel betrayed：a model of how psychological contract violation develops [J]. Academy of Management Review，22（1）：226-256.

Ohbuchi K，Kameda M，Agarie N. 1989. Apology as aggression control：its role in mediating appraisal of and response to harm [J]. Journal of Personality and Social Psychology，56（2）：219.

Parzefall M R. 2008. Psychological contracts and reciprocity：a study in a finnish context [J]. The International Journal of Human Resource Management，19（9）：1703-1719.

Robinson S L. 1996. Trust and breach of the psychological contract [J]. Administrative Science Quarterly，41（4）：574-599.

Robinson S L，Rousseau D M. 1994. Violating the psychological contract：not the exception but the norm [J]. Journal of Organizational Behavior，15（3）：245-259.

Rousseau D M. 1995. Psychological Contracts in Organizations：Understanding Written and Unwritten Agreements [M]. Thousand Oaks：Sage.

Rousseau D M. 2001. Schema，promise and mutuality：the building blocks of the psychological contract [J]. Journal of Occupational and Organizational Psychology，74（4）：511-541.

Rousseau D M. 2004. Psychological contracts in the workplace：understanding the ties that motivate [J]. The Academy of Management Executive，18（1）：120-127.

Rousseau D M. 2011. The individual-organization relationship：the psychological contract[J]. APA Handbook of Industrial & Organizational Psychology，3：191-220.

Rousseau D M，McLean Parks J. 1993. The contracts of individuals and organizations[J]. Research in Organizational Behavior，15（6）：1-43.

Rousseau D M，Tijoriwala S. 1996. Perceived legitimacy and unilateral contract changes：it takes a good reason to change a psychological contract [C]. SymPosium at the SIOP meetings，SanDiago，April.

Schalk R，Freese C. 1997. New facets of commitment in response to organizational change：research trends and the Dutch experience [J]. Journal of Organizational Behavior（1986-1998），（4）：107.

Schlenker B R，Pontari B A，Christopher A N. 2001. Excuses and character：personal and social implications of excuses [J]. Personality and Social Psychology Review，5（1）：15-32.

Shore L M，Barksdale K. 1998. Examining degree of balance and level of obligation in the employment relationship：a social exchange approach [J]. Journal of Organizational Behavior 19（s1）：731-744.

Sitkin S B，Bies R J. 1993. Social accounts in conflict situations：using explanations to manage conflict [J]. Human Relations，46（3）：349-370.

Thompson J A，Bunderson J S. 2003. Violations of principle：ideological currency in the psychological contract [J]. Academy of Management Review，28（4）：571-586.

Tomprou M，Rousseau D M，Hansen S D. 2015. The psychological contracts of violation victims：a post-violation model[J]. Journal of Organizational Behavior，36（4）：561-581.

Wrosch C，Scheier M F，Carver C S，et al. 2003. The importance of goal disengagement in adaptive self-regulation：when giving up is beneficial [J]. Self and Identity，2（1）：1-20.

Zechmeister J S，Garcia S，Romero C，et al. 2004. Don't apologize unless you mean it：a laboratory investigation of forgiveness and retaliation [J]. Journal of Social and Clinical Psychology，23（4）：532-564.

第8章　个人-组织契合对职业成功和组织绩效的影响

个人-组织契合与组织相关结果变量的研究，近年来受到了组织行为学和人力资源管理领域研究学者的格外关注。究其原因，一方面，由于易变性职业生涯、无边界职业生涯等新型职业生涯的出现，雇佣关系、就业观念、职业生涯观念、自我和组织的职业生涯管理等发生变化（Sullivan，1999），就业的不安全性降低了员工的组织承诺，员工不再承诺忠诚组织，将提高可就业能力作为首要目标；以自我职业生涯管理替代了传统的组织职业生涯管理；以自己内心的主观职业成功标准替代了传统的客观职业成功标准。另一方面，由于组织经营环境的复杂性、变化性、不确定性，以及新型职业生涯、组织变革或结构调整等因素的影响，组织的人力资源管理实践面临着严峻的考验。如何降低离职率，甄选认同组织文化、符合组织发展要求的员工，如何提高员工的组织承诺，通过培训、开发等提高员工的可就业能力，如何将个人-组织的职业生涯管理有效契合，使员工的职业发展与组织发展保持动态平衡并趋于一致，成为组织行为学和人力资源管理领域一个新的研究课题。

本章探究了个人-组织契合对个人职业成功和组织绩效的影响及个人-组织契合对职业成功和组织绩效的作用机制，对个人的职业发展和组织发展具有指导作用。

8.1　研究设计

8.1.1　概念界定

1. 个人-组织契合

个人-组织契合概念是在个人-环境契合、个人-职位契合、个人-工作契合的基础上基于组织者的视角提出的，所谓契合是指价值观契合（个人与组织在价值观上的一致性）、需要-供给契合（个人的需要与组织的供给的一致性）和要求-能力契合（组织的要求与个人的能力的一致性）。

Cable 和 DeRue（2002）将个人-组织契合划分为三个维度：价值观契合、要求-能力契合、需要-供给契合。在无边界、易变性等新型职业生涯下，组织不能再为员工提供工作稳定性和安全感，员工开始主导自己的职业生涯，越来越注重个人可就业能力的培养，并且将奋斗的目标定位为个人的职业发展。考虑到职业生涯环境的变化对个人-组织契合理论的影响，在本书中，将个人-组织契合定义为，个人与组织在职业生涯发展过程中价值观的一致性程度，能力及职业生涯管理的互补性契合程度。本书借鉴 Cable 和 DeRue（2002）的分类，将个人-组织契合划分为价值观契合、能力契合和职业生涯管理契合。价值观契合是个人-组织契合的核心，能力契合是个人-组织契合的必要条件。Cable 和 DeRue（2002）的需要-供给契合量表测量的是个人-工作方面的一致性和相容性，在新型职业生涯下，员工更看重的是职业发展，因此将个人-组织职业生涯管理契合作为个人-组织契合的第三个维度。

2. 职业成功

在国外研究中，职业成功被界定为个体在工作经历中逐渐积累的工作经验和获得的积极的心理感受及与工作相关的成就（Seibert et al.，1999）。在新型职业生涯下，员工对职业成功及其标准的认知发生了改变。职业成功包括主观职业成功和客观职业成功（Hughes，1937）。在传统职业生涯下，员工更看重的是社会地位、薪酬、晋升等客观职业成功，而在新型职业生涯下，员工首先看重的是自己内心感受到的主观职业成功，其次才是客观职业成功。在易变性职业生涯和无边界职业生涯这一研究背景下，采用 Eby 等（2003）提出的所感知到的组织内部竞争力和组织外部竞争力，代替传统的晋升、薪酬等客观衡量标准，以职业满意度作为衡量职业成功的主观标准。职业满意度是指个体对于其职业活动的态度、情感及个人满意程度。职业满意度是个体在组织中所有感知的集合体。所感知的组织内部市场竞争力（以下简称组织内部竞争力）是指个体相信其对雇主来说是有价值的。所感知的组织外部市场竞争力（以下简称组织外部竞争力）是指个体相信其对其他雇主来说是有价值的。由于 Eby 等（2003）的这一观点囊括了主观和客观职业成功内容，所以得到了国内学者王忠军和龙立荣（2005）等的赞同。

3. 组织绩效

组织绩效是对企业整体运营效果做出的概括性评价，也是企业经营效果的具体体现，通常也被称为企业绩效、公司绩效。对组织绩效的定义，不同学者持有不同观点。Seashore 和 Ephraim（1967）用因素分析法得出组织绩效的十个衡量指标，包括营业额、市场渗透力、生产力、新成员生产力、成员年轻度、生产成本、维护成本、营业组合、人力成长和重视管理。Venkatraman 和 Ramanujam（1986）较为全面地提出衡量组织绩效的概念化结构，主要分为财务绩效、经营绩效和组织效能三个方面。Dyer 和 Reeves（1995）的研究也将组织绩效归为三类，包括人力资源绩效、财务绩效和运营绩效。而 Delaney 和 Huselid（1996）则将组织绩效分成了内部绩效和市场绩效两个部分。

回顾以往的研究，对组织绩效的分类主要分为财务指标和非财务指标两部分，考虑到本书是有关人力资源管理方面的研究，因此借鉴 Dyer 和 Reeves（1995）对组织绩效指标的分类，将其分为财务绩效、人力资源绩效和运营绩效。

4. 可就业能力

综合各种对可就业能力的内涵界定，所谓可就业能力是指个体所具有的获得就业机会、维持和变换工作岗位乃至变换工作单位的能力。可就业能力包括个人或某类群体在职业发展过程中所拥有的职业识别能力、基本知识与职业技能、社会技能及个人对环境的适应能力和自我发展能力等一系列综合能力。

借鉴 Fugate 等（2004）对可就业能力的分类，本书将可就业能力划分为四个维度，即职业认同、适应性、社会资本和人力资本。职业认同界定为个体在职业工作情境中对自我的定义，它描述了“我是谁”或“我想要成为谁”，通过对自己的过去、现在和未来进行统筹思考，形成自己的职业定位和职业发展目标。适应性是指个体愿意且有能力改变行为、情感和想法，以适应环境变化的要求。社会资本是个人所拥有的社会关系及其网络，是能影响个人行为、目标的达成及功效的一种社会资源。人力资本是指凝结在个体身上的各种知识、经验和能力等，是一种无形资产。

8.1.2　研究假设

1. 个人-组织契合与职业成功

Bretz 等（1993）在研究中发现个人-组织契合的程度会影响到个体职业发展的程度。Schneider 和 Goldstein（1995）的研究结果也证实了 Bretz 等（1993）的观点。无论是个人选择工作还是企业招聘员工，与自身具有相似价值观通常是优先选择项。这一优先选择的结果是员工更容易融入组织，组织也容易与员工建立良好的关系。此外，陈卫旗和王重鸣（2007）、赵红梅（2009）的研究同样验证了个人-组织契合能积极影响员工个体组织行为与工作态度。

大量的文献表明，较高的个人-组织契合度会带来较高的工作满意度、组织承诺等积极的工作态度（Bretz and Judge，1994）。Cable 和 DeRue（2002）通过对 187 位经理人的实证研究发现，经理人员的价值观匹配与他们的职业满意度之间关系显著。Verquer 等（2003）研究发现，个人-组织契合对工作满意度具有预测作用，并且个人-组织契合与工作满意度之间呈正相关关系。Gregory 等（2010）的研究发现，个人-组织契合与工作满意度高度正相关。我国国内学者魏钧和张德（2006）的实证研究结果显示，在中国传统文化影响下的个人-组织契合对工作满意度有显著的预测力。熊勇清和全云峰（2007）等采用多元回归分析法研究证实，个人-组织契合对工作满意度的解释能力比较高。Feldman 和 Thomas（2007）、Vogel 和 Feldman（2009）通过对不同研究对象的实证分析证实，个人-组织契合与主观职业成功显著相关。Bretz 和 Judge（1994）则证实个人-组织契合对客观职业成功（员工的薪酬水平、晋升等）有一定程度的影响。

基于以上研究，提出假设 8.1：个人-组织契合与职业成功具有正相关关系。

2. 个人-组织契合与组织绩效

国内外已有文献检索结果显示，研究个人-组织契合对个人职业发展、态度、行为、工作绩效影响的文献较多，研究个人-组织契合对组织绩效影响的文献相对较少，其主要原因是组织绩效作为因变量，测量指标难以界定。已有研究主要集中在个人-组织契合对工作绩效、关系绩效、任务绩效、周边绩效等的影响。

已有研究结果显示，个人-组织契合对员工的工作绩效具有显著影响（Bretz and Judge，1994），与关系绩效（Goodman and Svyantek，1999）等正相关。个人-组织契合对工作绩效有预测作用（Hoffman and Woehr，2006）；个人-组织契合中的价值观契合不仅能够预测关系绩效，而且较高的价值观契合能够提升关系绩效（Lauver and Kristof-Brown，2001）；Goodman 和 Svyantek（1999）等研究证实个人-组织契合可以预测周边绩效和任务绩效，但个人-组织契合对组织绩效的影响程度还需进一步验证。

在个人-组织契合与工作绩效、任务绩效、周边绩效相关性研究中得出的结论不尽相同。例如，Kristof-Brown 等（2005）发现个人-组织契合与工作绩效、任务绩效相关性较低，与周边绩效相关性中等。Arthur 等（2006）的研究结果证实，个人-组织契合与工作绩效相关性较低。

我国学者对个人-组织契合与组织绩效关系进行了研究。赵红梅（2009）通过调查数据统计、运用结构方程模型，实证分析了个人-组织契合度与关系绩效及各维度的关系，实证结果表明个人-组织契合程度越高的员工关系绩效越好。朱青松和陈维政（2009）以实证研究的方法，证明了个人-组织契合与组织绩效具有正相关关系。

基于上述研究，提出假设8.2：个人-组织契合与组织绩效具有正相关关系。

3. 个人-组织契合、可就业能力、职业成功、组织绩效之间的关系

1）个人-组织契合与可就业能力的关系

可就业能力作为解决新型职业生涯下员工工作不安全感的方式之一，在西方理论和实践中均得到重视。随着一系列改革的进行，工作场所的不确定性加剧，雇主对员工技能的要求更加倾向于关注体现综合素质的可就业能力。Hall（1996）认为，易变性职业生涯下员工必须具备各种可相互转换的可就业能力，以适应多种职位的需要。

在新型职业生涯下，基于就业不安全性等原因，员工开始重视和提高自身的可就业能力，组织也必须为员工的可就业能力的提高提供发展平台。从某种意义上说，在新型职业生涯下，提高可就业能力成为员工和组织共同的目标与要求。加之个人-组织契合本身就包含要求-能力契合，只不过以往更强调的是员工的工作技能，而今所强调的可就业能力，其含义要远远超出工作技能的范畴。

基于上述研究，提出假设8.3：个人-组织契合与可就业能力具有正相关关系。

2）可就业能力与职业成功的关系

Fugate 等（2004）提出，在无边界职业生涯时代，可就业能力已经成为影响个体职业成功的先决条件和关键因素。有学者针对特定群体可就业能力的某一个或两个维度与职业成功关系进行了研究，例如，职业认同和个体适应能力是职业成功的两种“元技能”（Seibert et al.，2001），职业适应性与组织成功具有正相关关系（王忠军和龙立荣，2009）；社会资本对职业成功具有正相关关系（Ballout，2007）；人力资本中的教育水平、工作投入、工作经验等与职业成功正相关（Bassi et al.，2002）。

基于已有研究，提出假设8.4：可就业能力与职业成功具有正相关关系。

3）可就业能力与组织绩效的关系

目前，国内外针对可就业能力与组织绩效关系的研究甚少。因为可就业能力对组织绩效的影响并非是直接的，而是间接的。通过文献检索发现，已有学者研究人力资本投入、社会资本对组织绩效的影响。例如，有学者研究证实人力资本投入显著影响组织绩效，人力资本投入能够提升组织绩效（Bassi et al.，2002）；社会资本与组织绩效具有相关性，社会资本通过有效的知识共享、管理网络、社会关系等影响组织绩效，并能提升组织绩效（Acquaah，2007）。

基于上述研究，提出假设8.5：可就业能力与组织绩效具有正相关关系。

个人-组织契合与可就业能力具有正相关关系，可就业能力又与职业成功具有正相关关系，进而提出假设 8.6：可就业能力影响个人-组织契合与职业成功之间的关系。

进一步提出假设 8.7：可就业能力影响个人-组织契合与组织内部竞争力之间的关系。

假设 8.8：可就业能力影响个人-组织契合与组织外部竞争力之间的关系。

假设 8.9：可就业能力影响个人-组织契合与职业满意度之间的关系。

个人-组织契合与可就业能力具有正相关关系，可就业能力又与组织绩效具有正相关关系，进而提出假设 8.10：可就业能力影响个人-组织契合与组织绩效之间的关系。

进一步提出假设 8.11：可就业能力影响个人-组织契合与组织运营绩效之间的关系。

假设 8.12：可就业能力影响个人-组织契合与组织财务绩效之间的关系。

假设 8.13：可就业能力影响个人-组织契合与组织人力资源绩效之间的关系。

8.1.3　模型构建

基于个人-组织契合、可就业能力、职业成功和组织绩效之间存在的相关关系，构建了个人-组织契合影响职业成功与组织绩效的作用机制模型，如图 8.1 所示。

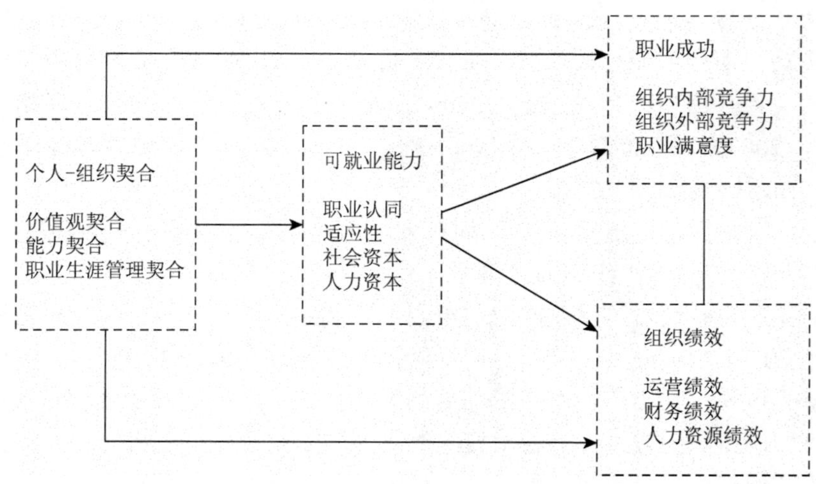

图 8.1　个人-组织契合影响职业成功与组织绩效的作用机制模型

本书主要探索以下四个方面的关系：①个人-组织契合与职业成功的关系，模型假设个人-组织契合与职业成功具有正相关关系；②个人-组织契合与组织绩效的关系，模型假设个人-组织契合与组织绩效具有正相关关系；③个人-组织契合、可就业能力、职业成功的关系，模型假设可就业能力影响个人-组织契合与职业成功之间的关系；④个人-组织契合、可就业能力、组织绩效的关系，模型假设可就业能力影响个人-组织契合与组织绩效之间的关系。

8.1.4　研究工具

本书主要通过修正和开发的量表进行实证分析。

1. 个人-组织契合测量工具的选择

本书在选择个人-组织契合的测量工具时，考虑到新型职业生涯的特点，采用段艳楠(2013)修正和开发的个人-组织契合量表，该量表在 Cable 和 DeRue(2002)开发的价值观契合、能力契合量表的基础上，增加了个人-组织职业生涯管理契合这一维度，实验证明该量表 Cronbach's α 系数为 0.890，具有较高的信度。

本书在进行测量时采用主观测量的方法，要求答题人直接填写问卷来回答他所感知的自己与组织的匹配程度，得分越多说明样本与组织的整体匹配程度越强。

2. 可就业能力测量工具的选择

可就业能力的测量工具采用郭文臣（2011）修正和开发的量表，其中包括职业认同、职业适应性、社会资本和人力资本四个分量表。

其中职业认同量表采用 Stumpf 等（1983）开发的角色意识量表和 Kossek 等（1998）开发的职业自我效能量表作为测量工具，两个量表的 Cronbach's α 系数分别为 0.713 和 0.891，信度较高。

职业适应性包含主动性人格和无边界职业思想倾向。主动性人格量表采用 Bateman 和 Crant（1993）开发、Kammeyer-Mueller 和 Wanberg（2003）修正的量表，共 10 个题项。无边界职业思想倾向部分的测量采用 Briscoe 等（2006）编制的无边界职业思想倾向量表，修正后共六个题项。两个量表的 Cronbach's α 系数分别为 0.859 和 0.826，具有较高的信度。

社会资本量表采用王忠军（2006）在借鉴前人研究的基础上开发的量表，包括接触的社会资本和动员的社会资本两个维度，共 23 个题项，其同质性信度分别为 0.917 和 0.901。

人力资本量表采用郭文臣（2011）在综合人力资本相关理论的基础上开发的

量表，包括教育水平、工作经验、学习力和培训四个维度，共 12 个题项，经信度分析该量表 Cronbach's α 系数为 0.830，信度水平较高。

3. 职业成功测量工具的选择

职业成功量表选择在新型职业生涯下被学者们广为认同的三维度测量量表，由王忠军（2006）修订，包括组织内竞争力、组织外竞争力和职业满意度三个维度。在王忠军修订的 Eby 等（2003）开发的分量表中，组织内竞争力和组织外竞争力两个分量表的 Cronbach's α 系数分别为 0.739 和 0.753；而其修订的由 Greenhaus 等（1990）编制的职业满意度量表，共有五个题项，Cronbach's α 系数为 0.854，证明该量表的信度较好。

4. 组织绩效测量工具的选择

组织绩效的测量工具借鉴 Dyer 和 Reeves（1995）对组织绩效指标的分类，将其分为财务绩效、人力资源绩效和运营绩效。其中财务绩效包括销售增长率和利润增长率；人力资源绩效包括员工满意度、员工生产率和员工流失率；运营绩效包括产品和服务质量、新产品开发能力、顾客满意度。测量工具采用 Walton（1985）开发的量表。

量表采用利克特式五点量表计分方式，分别以 1～5（非常不同意～非常同意）表示回答者对测量问题所持态度的强弱程度。

8.1.5 研究对象及样本结构

研究对象是企业员工。问卷通过购买专业网络调查服务平台，由 MBA 学员协助寻找企业员工填答。本次调查共收回问卷 402 份，剔除无效问卷之后，得到有效问卷 400 份。样本结构，如表 8.1 所示。

表 8.1　样本结构

项目	样本分布	样本数/份	百分比/%
性别	男	202	50.5
	女	198	49.5
年龄	25 岁以下	20	5.0
	26～30 岁	160	40.0
	31～35 岁	144	36.0
	36 岁及以上	76	19.0

续表

项目	样本分布	样本数/份	百分比/%
学历	专科及以下	31	7.75
	本科	161	40.25
	研究生及以上	208	52.0
工作年限	1～3 年	75	18.75
	4～6 年	95	23.75
	7～10 年	111	27.75
	11 年及以上	119	29.75
工作岗位属性	管理	245	61.25
	研发	19	4.75
	营销	55	13.75
	其他	81	20.25
单位性质	国有企业	106	26.5
	民营企业	132	33.0
	外资企业	88	22.0
	其他	74	18.5

由表 8.1 可知，本次调查对象性别差异不大；年龄分布略为集中，26～35 岁年龄段的员工居多；高学历员工占绝大多数；工作年限分布相对比较均匀；管理岗位居多；本次调查包括了国有企业、民营企业和外资企业等各种所有制性质的企业。研究的样本有较好的代表性。

8.2　统 计 分 析

为了研究个人-组织契合、可就业能力、职业成功和组织绩效四个变量之间的相互关系与影响方式，本书分三步对数据进行分析。第一步，探索性因子分析，检验调查问卷的信度和效度；第二步，相关分析和多元回归分析，运用 SPSS 17.0 分析个人-组织契合、可就业能力、职业成功和组织绩效及其各维度间的相互关系；第三步，结构方程模型分析，分析和探讨整体模型中各变量间的相互影响。

8.2.1 探索性因子分析

探索性因子分析结果显示，个人-组织契合、可就业能力、职业成功、组织绩效的 Cronbach's α 系数分别为 0.90、0.926、0.877、0.892。所有变量的 Cronbach's α 系数都在 0.8 以上，表明问卷信度非常好。各分量表的 Cronbach's α 系数均在 0.7 以上，表明信度较好。

统计分析结果显示，个人-组织契合、可就业能力、职业成功、组织绩效的 KMO 值分别为 0.894、0.885、0.864、0.888，Bartlett 球形检验显著性水平均接近于零；各量表 KMO 值均大于 0.80 且 Bartlett 球形检验达到显著，表明数据呈较好的线性，因此适合进行因子分析。采用主成分分析法，提取的各变量因子结构与原量表因子结构完全一致，表明该问卷具有很好的构想效度。

8.2.2 相关分析

为验证研究假设，需要对各个变量进行相关分析以进行初步的检验。各个变量的均值、标准差和变量之间的相关系数、显著性，如表 8.2 所示。相关分析结果显示，所有变量及其各维度之间在 0.01 水平上存在显著的正相关。其中个人-组织契合各维度与可就业能力之间（$r = 0.356$、0.357、0.339，$p < 0.01$）、可就业能力与职业成功之间（$r = 0.464$、0.462、0.387，$p < 0.01$）及个人-组织契合与职业成功（外部竞争力除外）、个人-组织契合与组织绩效的各个维度之间的相关性都处于中度的水平；可就业能力与组织绩效之间（$r = 0.213$、0.234、0.275，$p < 0.01$）、组织外部竞争力和价值观契合之间（$r = 0.216$，$p < 0.01$）、组织外部竞争力和职业生涯管理契合之间（$r = 0.147$，$p < 0.01$）的相关关系较弱，但也均显著相关。因此，假设 8.1～假设 8.5 均得到验证。

表 8.2 各变量之间的相关分析

变量	均值	标准差	1	2	3	4	5	6	7	8	9	10
1. 价值观契合	3.383 3	0.807 41	1									
2. 能力契合	3.478 3	0.775 98	0.570**	1								
3. 职业生涯管理契合	3.218 3	0.782 43	0.696**	0.591**	1							
4. 可就业能力	3.302 0	0.403 24	0.356**	0.357**	0.339**	1						
5. 组织内部竞争力	3.404 2	0.773 22	0.498**	0.519**	0.378**	0.464**	1					
6. 组织外部竞争力	3.647 5	0.655 22	0.216**	0.280**	0.147**	0.462**	0.421**	1				

续表

变量	均值	标准差	1	2	3	4	5	6	7	8	9	10
7. 职业满意度	3.321 0	0.803 60	0.476**	0.570**	0.452**	0.387**	0.509**	0.357**	1			
8. 运营绩效	3.317 5	0.869 53	0.434**	0.423**	0.419**	0.213**	0.350**	0.149**	0.364**	1		
9. 财务绩效	3.262 5	1.025 90	0.367**	0.376**	0.313**	0.234**	0.353**	0.137**	0.360**	0.691**	1	
10. 人力资源绩效	3.107 5	0.878 82	0.472**	0.398**	0.469**	0.275**	0.415**	0.144**	0.415**	0.751**	0.667	1

**表示 $p<0.01$（2-tailed）；N=400

8.2.3　可就业能力的中介作用分析

为探究可就业能力是否影响个人-组织契合与职业成功、个人-组织契合与组织绩效之间的关系，根据 Baron 和 Kenny（1986）、温忠麟等（2004）提出的方法进行中介作用分析。

个人-组织契合、可就业能力对职业成功的回归分析结果显示（表 8.3），职位和年薪对组织内部竞争力有显著正向影响，控制变量可解释 15.5%的变异（见组织内部竞争力模型 1）。当引入个人-组织契合时，个人-组织契合对组织内部竞争力有显著正向影响（$\beta = 0.480$，Sig＜0.001），在排除控制变量的影响之后，个人-组织契合可以解释组织内部竞争力 21.3%的变异（见组织内部竞争力模型 2）。当同时考察可就业能力和个人-组织契合对组织内部竞争力的影响时，可就业能力对组织内部竞争力的正向影响十分显著（$\beta = 0.279$，Sig＜0.001），但个人-组织契合对组织内部竞争力之间的正向影响并未显著减弱（见组织内部竞争力模型 3）。为了探究可就业能力在个人-组织契合和职业成功之间是否有中介作用，我们进行了 Sobel 检验，结果显著（$p<0.001$），表明可就业能力在个人-组织契合与组织内部竞争力之间均起着部分中介作用。对组织外部竞争力来说，学历和职位对组织外部竞争力有显著正向影响，控制变量可解释 7.1%的变异（见组织外部竞争力模型 1）。当引入个人-组织契合时，其对组织外部竞争力有显著正向影响（$\beta = 0.208$，Sig＜0.001），在排除控制变量的影响之后，个人-组织契合可以解释组织外部竞争力 3.7%的变异（见组织外部竞争力模型 2）。当同时考察可就业能力和个人-组织契合对组织外部竞争力的影响时，可就业能力对组织外部竞争力的正向影响十分显著（$\beta = 0.400$，Sig＜0.001），而个人-组织契合对组织外部竞争力的正向影响由显著变为不显著，同时所解释的变异量增加为 15.1%（见组织外部竞争力模型 3）。结果表明，可就业能力在能力契合与组织外部竞争力之间起完全中介作用。对职业满意度来说，性别、职位和年薪对职业满意度均有显著正向影响，工作年限有显著负向影响，控制变量可解释 11.0%的变异（见职业满意度模型 1）。

与个人-组织契合对组织内部竞争力的影响类似，通过职业满意度模型 2、模型 3 及 Sobel 检验，结果表明可就业能力在个人-组织契合与员工职业满意度之间起部分中介作用。

表 8.3 个人-组织契合、可就业能力对职业成功的回归分析

变量	组织内部竞争力			组织外部竞争力			职业满意度		
	模型 1	模型 2	模型 3	模型 1	模型 2	模型 3	模型 1	模型 2	模型 3
控制变量									
性别							0.166**	0.112*	0.136*
学历				0.141*	0.143*	0.098*			
工作年限							–0.105	–0.108*	–0.105*
职位	0.271***	0.210***	0.165***	0.230***	0.189***	0.156*	0.194*	0.125*	0.093
年薪	0.149*	0.089*	0.122*				0.233***	0.155*	0.183***
自变量									
P-O Fit		0.480***	0.369***		0.208***	0.053		0.532***	0.450***
中介变量									
E			0.279***			0.400***			0.200***
R^2	0.155	0.368	0.435	0.71	0.108	0.260	0.110	0.376	0.408
Adjuste dR^2	0.146	0.360	0.426	0.062	0.097	0.248	0.101	0.368	0.399
R^2 Change	0.155	0.213	0.067	0.071	0.037	0.151	0.110	0.266	0.032
F	18.099***	45.848***	50.331***	7.596***	9.581***	22.981***	12.252***	47.529***	45.193***
F Change	18.099***	132.705***	46.358***	7.596***	16.341***	80.332***	12.252***	167.923***	21.281***

*表示 Sig＜0.05（2-tailed）；**表示 Sig＜0.01（2-tailed）；***表示 Sig＜0.001（2-tailed）；N=400

注：P-O Fit 为个人-组织契合；E 为可就业能力；R^2 为拟合度；F 为显著性检验

个人-组织契合、可就业能力对组织绩效的回归分析结果显示（表 8.4），性别和年薪对运营绩效、财务绩效和人力资源绩效均有显著正向影响。当引入自变量个人-组织契合时，其对组织绩效的各个维度均有显著正向影响（β = 0.464、0.371、0.487，Sig＜0.001）。在排除控制变量的影响之后，个人-组织契合分别可以解释 20.5%、13.1%、22.6%的变异（分别见运营绩效、财务绩效、人力资源绩效的模型 2）。当同时考察可就业能力和个人-组织契合对组织绩效各维度的影响时，可就业能力对运营绩效的影响并不显著（β = 0.037，Sig＞0.05），但对财务绩效和人力资源绩效的影响显著（β = 0.114，Sig＜0.05；β = 0.095，Sig＜0.05），但个人-组织契合对组织绩效各维度的影响并未显著减弱，此时继续进行 Sobel 检验，三个模型的结果均显著（$p<0.001$），表明可就业能力在个人-组织契合与组织绩效各维度之间起着部分中介作用。

表 8.4　个人-组织契合、可就业能力对组织绩效的回归分析

变量	运营绩效			财务绩效			人力资源绩效		
	模型 1	模型 2	模型 3	模型 1	模型 2	模型 3	模型 1	模型 2	模型 3
控制变量									
性别	0.173**	0.128*	0.132*	0.226***	0.190***	0.204***	0.118*	0.070	0.082
年薪	0.219***	0.117*	0.120*	0.224***	0.143*	0.150**	0.225***	0.118*	0.124*
自变量									
P-O Fit		0.464***	0.448***		0.371***	0.323***		0.487***	0.447**
中介变量									
E			0.037			0.114*			0.095*
R^2	0.060	0.265	0.266	0.078	0.209	0.219	0.052	0.278	0.285
Adjuste dR^2	0.055	0.259	0.259	0.073	0.203	0.211	0.047	0.272	0.278
R^2 Change	0.060	0.205	0.001	0.078	0.131	0.011	0.052	0.226	0.007
F	3.09**	11.377***	10.646***	16.698***	34.787***	27.720***	2.309*	12.005***	11.657***
F Change	12.679***	110.314***	0.593	16.698***	65.538*	5.369*	10.884***	123.880***	4.106*

*表示 Sig<0.05（2-tailed）；**表示 Sig<0.01（2-tailed）；***表示 Sig<0.001（2-tailed）；N=400

注：P-O Fit 为个人-组织契合；E 为可就业能力；R^2 为拟合度；F 为显著性检验

基于回归分析的结果，研究假设 8.6 得到了验证，假设 8.7、假设 8.8、假设 8.9 也得到验证，可就业能力在个人-组织契合与组织外部竞争力之间起到完全中介作用，在个人-组织契合与组织内部竞争力、职业满意度之间起到部分中介作用；研究假设 8.10 得到验证，假设 8.11、假设 8.12、假设 8.13 也得到验证，可就业能力在个人-组织契合与组织绩效各维度之间均起到部分中介作用。

8.3　结论与讨论

在易变性和无边界职业生涯下，组织和员工之间在雇佣关系、心理契约、职业生涯管理等方面发生了一系列变化，这些变化对个人-组织契合产生了一定影响，进而影响到员工的职业成功和组织绩效。面对新型职业生涯对组织和员工提出的挑战，本书在借鉴国内外相关研究成果的基础上，就个人-组织契合、职业成功、组织绩效、可就业能力等之间的关系提出了假设，在此基础上构建了个人-组织契合与职业成功和组织绩效关系及其作用机制模型。

通过对 400 名 MBA 学员和管理者的问卷调查与相关分析、回归分析，统计分析结果显示个人-组织契合与职业成功存在正相关关系，与组织绩效也存在正相关关系，说明个人-组织契合对职业成功和组织绩效具有积极影响；个人-组织契合与可就业能力、可就业能力与职业成功、可就业能力与组织绩效都具有正相关关系，假设 8.1～假设 8.5 均得到验证。为了进一步探究个人-组织契合与职业成功、组织绩效之间的作用机制，本书运用结构方程模型，对可就业能力的中介作用进行了分析，结果证实可就业能力在个人-组织契合与职业成功之间起到中介作用，其中可就业能力在个人-组织契合与组织外部竞争力之间起到完全中介作用，这说明在外部劳动力市场，可就业能力对职业成功起着至关重要的作用；同时，可就业能力在个人-组织契合与组织内部竞争力、职业满意度之间也起着部分中介作用。这说明即使在内部劳动力市场，可就业能力也发挥着重要作用；可就业能力的高低会直接影响到员工的职业发展，必然会影响到其职业满意度。实证研究结果还证明了，可就业能力在个人-组织契合与组织绩效之间起到中介作用，并且可就业能力在个人-组织契合与组织绩效的三个维度之间起到部分中介作用，这说明在组织的发展过程中可就业能力的作用不可忽视，因此，培养和提高可就业能力应是员工和组织共同的责任。

新型职业生涯对组织和员工提出的挑战，从表面上看似乎是互不相干的两个方面的问题，其实这两个方面的问题是相互联系、相互影响的。最为核心的问题是在新型职业生涯下，作为命运共同体的组织和员工只有有效契合，共同面对新型职业生涯的挑战，共同努力去解决面临的问题，才能达成双赢目标，即实现员工职业成功和组织绩效提高的目标。本书对这一问题进行了实证研究，诠释了个人-组织契合与职业成功和组织绩效的关系及其作用机制，有助于理清组织和个人在新型职业生涯下各自的职责及共同的责任，对组织的人力资源管理实践和员工的职业发展都具有指导意义。

1. 应重视新型职业生涯环境下个人与组织的契合程度对双方的影响

在新型职业生涯下，随着机构重组及扁平化、组织兼并和裁员高潮不断出现，员工面临着对未来职业发展的不确定性和不安全感，心理压力和焦虑不断增多。由此引发了职业生涯观念的变化，开始出现易变性、无边界职业倾向。对于组织来讲，在招聘时甄选认同组织文化、符合组织发展要求的员工，在培训时通过组织社会化，帮助员工适应组织的价值观、提高员工的能力，使之与组织和工作更契合，在职业生涯管理的整个过程中，注重二者在各个时期的互补性契合，对提高员工的组织承诺，留住具有较强能力、灵活性和较高组织承诺的员工极为重要，同时也可以为企业创造更多的绩效，使企业在激烈的市场竞争中获得和保持竞争优势。对于个人来讲，新型职业生涯下选择与自己的价值观和能力相契合的组织，在职业生涯管理的各个阶段提高与组织的互动性，更有助于其获得职业成功。

2. 培养员工的可就业能力是新型职业生涯下个人获得职业成功和组织获得较高绩效的有效途径

培养员工的可就业能力，对于员工个体的影响是十分重要的。为了应对就业市场的激烈竞争，新型职业生涯下个体需要不断培养自己灵活就业的能力，尤其是在组织外部的就业能力。因为这种可就业能力的高低，对就业市场和组织环境变化十分重要，同时也对个体的长期职业发展越来越重要。

而对组织而言，培养员工的可就业能力不仅不会浪费，相反还会吸引并留住核心员工，激励员工为组织带来卓越绩效，让组织在激烈的市场竞争环境下得到持续、快速的发展。也就是说，对员工可就业能力的培养可以促使员工和企业在整个职业生涯过程中保持动态平衡，达成更好的契合状态，从而获得双方的持续发展和成功。

参 考 文 献

陈卫旗，王重鸣. 2007. 人-职务匹配、人-组织匹配对员工工作态度的效应机制研究[J]. 心理科学，30（4）：979-981.

段艳楠. 2013. 社会资本和人力资本对职业成功作用机制研究[D]. 大连：大连理工大学.

郭文臣. 2011. 知识型员工可就业能力对职业成功的作用机制研究[D]. 大连：大连理工大学.

王忠军. 2006. 企业员工社会资本与职业生涯成功的关系研究[D]. 武汉：华中师范大学.

王忠军，龙立荣. 2005. 知识经济时代社会资本与职业生涯成功关系探析[J]. 外国经济与管理，27（2）：18-23.

王忠军，龙立荣. 2009. 员工的职业成功：社会资本的影响机制与解释效力[J]. 管理评论，21（8）：30-39.

魏钧，张德. 2006. 中国传统文化影响下的个人与组织契合度研究[J]. 管理科学学报，9（6）：87-96.

温忠麟，张雷，侯杰泰，等. 2004. 中介效应检验程序及其应用[J]. 心理学报，36（5）：614-620.

熊勇清，全云峰. 2007. 基于契合度的工作满意度影响因素的实证研究[J]. 预测，26（4）：34-37.

赵红梅. 2009. 个人-组织契合度对组织公民行为及关系绩效影响的实证研究[J]. 管理学报，（3）：342-347.

朱青松，陈维政. 2009. 员工与组织的价值观实现度匹配及其作用的实证研究[J]. 管理学报，6（5）：628-634.

Acquaah M. 2007. Managerial social capital，strategic orientation，and organizational performance in an emerging economy[J]. Strategic Management Journal，28（12）：12-35.

Arthur J W，Bell S T，Villado A J，et al. 2006. The use of person-organization fit in employment decision making：an assessment of its criterion-related validity[J]. Journal of Applied Psychology，91（4）：786-801.

Ballout H I. 2007. Career success：the effects of human capital，person-environment fit and organizational support[J]. Journal of Managerial Psychology，22（8）：741-765.

Baron R M，Kenny D A. 1986. The moderator-mediator variable distinction in social psychological research：conceptual，strategic and statistical considerations[J]. Journal of Psychology，51（7）：1173-1182.

Bassi L J，Ludwig J，McMurrer D P，et al. 2002. Profiting from learning：firm-level of training investments and market implications[J]. Singapore Management Review，24（3）：61-76.

Bateman T，Crant J. 1993. The proactive component of organization behavior[J]. Journal of Organizational Behavior，14：103-118.

Bretz R D，Rynes S l，Gerhart B. 1993. Recruiter perceptions of applicant fit：implications for individual career preparation and job search behavior[J]. Journal of Vocational Behavior，(43)：310-327.

Bretz R D，Judge T A. 1994. Person-organization fit and the theory of work adjustment：implications for satisfaction，tenure，and career success[J]. Journal of Vocational Behavior，44（1）：32-54.

Briscoe J P，Hall D T，Frautschy R L. 2006. Protean and boundaryless careers：an empirical exploration[J]. Journal of Vocational Behavior，69：30-47.

Cable D M，DeRue D S. 2002. The convergent and discriminant validity of subjective fit perceptions[J]. Journal of Applied Psychology，87（5）：1-17.

Delaney J T，Huselid M A. 1996. The impact of human resource management practices on perceptions of organizational perfomance[J]. Academy of Management Journal，39（4）：949-969.

Dyer L，Reeves T. 1995. HR strategies and firm performance：what do we know and where do we need to do[J]. International Journal of Human Resource Mannagement，6（3）：656-670.

Eby L T，Butts M，Lockwood A. 2003. Predictors of success in the era of boundaryless careers[J]. Journal of Organizational Behavior，24（5）：689-708.

Feldman D C，Thomas W H. 2007. Careers：mobility，embeddedness，and success[J]. Journal of Management，33（3）：350-377.

Fugate M，Kinicki A J，AshforthB F. 2004. Employability：a psycho-social construct，its dimensions，and application[J]. Journal of Vocational Behavior，65（1）：14-38.

Goodman S A，Svyantek D J. 1999. Person-organization fit and contextual performance：do shared values matter？[J]. Journal of Vocational Behavior，55（2）：254-275.

Greenhaus J H，Parasuraman S，Worry W M. 1990. Effects of race on organizational experiences，job-performance evaluations，and career outcomes[J]. Academy of Management Journal，33（1）：64-86.

Gregory B T，Albritton M D，Osmonbekov T. 2010. The mediating role of psychological empowerment on the relationships between P-O Fit，job satisfaction，and in-role performance[J]. Journal of Business and Psychology，25（4）：639-647.

Hall D T. 1996. Protean careers of the 21st century[J]. Academy of Management Executive，10（4）：8-16.

Hoffman B J，Woehr D J. 2006. A quantitative review of the relationship between person-organization fit and behavioral outcomes[J]. Journal of Vocational Behavior，68（3）：389-399.

Hughes E C. 1937. Institutional office and the person[J]. American Journal of Sociology，43（3）：404-413.

Kammeyer-Mueller J D，Wanberg C R. 2003. Unwrapping the organizational entry process：disentangling multiple antecedents and their pathways to adjustment[J]. Journal of Applied Psychology，88（5）：779-794.

Kossek E，Roberts K，Fisher S，et al. 1998. Career self-management：a quasi-experimental assessment of the effects of training intervention[J]. Personnel Psychology，51（4），935-962.

Kristof-Brown A L，Zimmerman R D，Johnson E C. 2005. Consequences of individuals'fit at work：a meta-analysis of person-job，person-organization，person-group，and person-supervisor fit[J]. Personnel Psychology，58（2）：281-342.

Lauver K J，Kristof-Brown A. 2001. Distinguishing between employees'perceptions of person-job and person-organization fit[J]. Journal of Vocational Behavior，59（3）：454-470.

Schneider B，Goldstein H W. 1995. The ASA framework：an update[J]. Personnel Psychology，48（4）：747-773.

Seibert S E，Crant J M，Kraimer M L. 1999. Proactive personality and career success[J]. Journal of Applied Psychology，84（3）：416-427.

Seashore S E，Ephraim Y. 1967. Factorial analysis of organizational performance[J]. Administrative Science Quarterly，12（3）：377-395.

Seibert S E，Kaimer M L，Liden R C. 2001. A social capital theory of career success[J]. Academy Management Journal，44（2）：291-37.

Stumpf S，Colarelli S，Hartman K. 1983. Development of the career exploration survey[J]. Journal of Vocational Behavior，22（2）：191-226.

Sullivan S E. 1999. The changing nature of careers：a review and research agenda[J]. Journal of Management，25（3）：457-484.

Venkatraman N，Ramanujam V. 1986. Measurement of business performance in strategy research：a comparison of approaches[J]. Academy of Management Review，11（4）：801-814.

Verquer M L，Beehr T A，Wagner S H. 2003. A meta-analysis of relations between person-organization fit and work attitudes[J]. Journal of Vocational Behavior，63（3）：473-489.

Vogel R M，Feldman D C. 2009. Integrating the levels of person-environment fit：the roles of vocational fit and group fit[J]. Journal of Vocational Behavior，75（1）：68-81.

Walton R E. 1985. Towards a Strategy of Eliciting Employee Commitment Based on Policies of Mutuality[M]. Boston：Harvard University Press：35-65.

第 9 章　个人-组织契合研究展望

9.1　个人-组织契合与“黑箱之谜”

人力资源管理与组织绩效的关系问题，是人力资源管理与组织行为领域最基本的理论问题，也是自 20 世纪末期以来国内外学术界广泛关注的热点问题。人力资源是组织最有价值的资源之一，有效的人力资源管理会对组织绩效产生一定的影响。但是，人力资源管理是如何影响并在多大程度上影响组织绩效的，其作用机理至今仍未理清。由于人们对人力资源管理和组织绩效间的发生机制知之甚少，有学者认为二者之间的作用机制处于“黑箱状态”（Becker and Gerhart，1996）。

为了揭开“黑箱之谜”，早期的学者们直接探究人力资源管理与组织绩效的关系，结果发现，人力资源管理并未对组织绩效产生直接影响，而是通过具体的人力资源管理实践（human resource management practive，HRMP）对组织绩效产生影响；接着，学者们开始研究单一 HRMP 对组织绩效的影响，如招聘、培训、薪酬和晋升等（Wright and Boswell，2002）。研究过程中学者们又发现单一 HRMP 只能发挥有限的作用，并且这些作用可能被放大。基于此，站在战略人力资源管理视角，有学者认为促使企业持续创造竞争优势的是企业总体的人力资源管理系统（human resource management system，HRMS），而不是单一 HRMP；整合的 HRMS 可以使企业获取更强的竞争优势，互补性 HRMP 组合后的 HRMS 产生的回报要大于单一 HRMP 产生回报的总和（张小兵，2009）。穆胜和龙勇（2010）认为单一 HRMP 对组织绩效的正向影响，可能会因为聚合在一起而相互替代、抵消或产生协同效应。因此，考察 HRMP 对组织绩效的作用机制，应该选取 HRMS 作为对象，而非仅仅考虑单一 HRMP。

HRMS 具有代表性的分类包括 Walton（1985）和 Arthur（1994）的分类：承诺型 HRMS 和控制型 HRMS；Lee 和 Chee（1996）的分类：权变薪酬、信息共享系统、弱培训和低参与系统；Bea 等（1998）的分类：人力资源流、工作系统、薪酬系统和员工影响；Lepak 和 Snell（1998）的分类：承诺系统、市场系统、控制系统和合作系统。Rogers 和 Wright（1998）的研究发现对 HRMS 或 HRMP 的实证研究应主要从行业、企业（或组织）和事业部三个层面展开；Becker 和 Huselid（1998）将 HRMS 划分为培训、薪资、绩效评估、员工参与、人力资源规划；Wright 等（2001）认为 HRMS 包括队伍建设、培训、工作设计、员工参与、薪酬、评价等；穆胜和龙勇（2010）认为 HRMS 包括四个子系统：作用于组织架构类的 HRMP、员工位置类的 HRMP、员工知识技能类的 HRMP 和员工行为倾向类的 HRMP。

国外和国内已有关于 HRMS 和组织绩效关系的实证研究，大多数都证明了 HRMS 能够正向影响组织绩效（Paauwe and Boselie，2005；徐国华和杨东涛，2005；范秀成和比约克曼，2003；程德俊和赵曙明，2006；邢周凌，2009）。但也有学者得出了二者关系不显著或相反的结论（Cappelli and Newmark，2001）。有学者认为研究结果的不一致性所隐含的是 HRMS 可能是通过中介变量来影响组织绩效的。为此，国内外专家学者开始探究 HRMS 与组织绩效之间关系的中介机制。许多研究得出了，中介变量对 HRMS 与组织绩效之间关系有正向影响的结论。在国外和国内的已有文献中发现，二者之间关系涉及的中介变量主要有市场导向、内外社会网络、组织气氛、人力资源效能、智力资本、组织能力、态度和行为、组织学习及人力资本专用性、创新能力等（程金林和石金涛，2007）。

目前，国内外关于 HRMS 对组织绩效作用机制的研究，主要聚焦于理论研究和实证研究。理论研究主要借助于行为理论、资源基础理论、人力资本理论等构建 HRMS 或 HRMP 对组织绩效的作用机制模型，如 Dyer 和 Reeves（1995）构建的“DR”模型、Backer 和 Huselid（1998）构建的“BH”模型、Ferris 等（1998）构建的 HRMS 的社会环境模型、Wright 等（2001）构建的 HRMP 与企业绩效的中介机制模型、蒋健武和赵曙明（2007）构建的战略人力资源管理与组织绩效关系模型、穆胜和龙勇（2010）构建的 HRMP 对于组织绩效的作用机制框架模型等。“DR”模型显示 HRMP 会影响员工的态度和行为，员工的态度和行为会进一步影响企业的组织绩效、会计绩效及最终的市场价值。“BH”模型认为企业战略会支配 HRMS 的设计原则及具体的工作设计内容，从而对员工行为产生影响，员工的行为将影响企业的绩效，如产品质量、生产率等指标，并从企业层面上影响企业的会计收益及其增长率，最终影响企业的市场价值。Ferris 等（1998）提出了一个包括组织文化、柔性及组织声誉等因素在内的更为复杂的 HRMS 有效性的模型，从更广泛的视角审视 HRMP 对企业组织绩效的影响。Wright 等（2001）利用更复杂的路径结构和更多的中介变量，分析 HRMP 影响企业组织绩效的中介机制，认为 HRMP 通过影响知识的存量、流量及更新而构建的核心竞争力，使企业获得高于竞争对手的绩效。蒋健武和赵曙明（2007）认为 HRMP 通过培养符合组织战略要求的员工能力，倡导与组织目标一致的员工行为、创造组织知识，以影响组织绩效。穆胜和龙勇（2010）认为，HRMP 的直接作用对象是员工个体和组织模式及相互间的交互关系，二者交互后产生的个体角色行为是组织能力形成的前置变量。

实证研究主要集中在国外学者的研究文献之中，国内只有极少数学者开展了实证研究，国外学者开展的实证研究多局限于以个体行为、组织能力、HRMP 的某个单一变量，如有些研究将微观行为角度的员工工作满意度、组织承诺设为中介变量，有些则将组织气氛、组织能力、智力资本、柔性等作为中介变量。另外，大部分研究都只引入一级中介变量，但是有些研究引入两级中介变量。例如，Rogers 和 Wright（1998）将人力资本、员工激励、员工离职率并列作为第一级中介变量，将知识创造能力作为第二级中介变量。目前关于 HRMS 对组织绩效的作用机制的研究，基本上是基于微观的个体行为角度和宏观的组织能力角度。基于此，穆胜和龙勇（2010）构建的基于整合视角的 HRMS 对组织绩效的作用机制模型，试图通过阐述个体能力到组织能力的机制，透视 HRMS 和组织绩效的"黑箱之谜"。这一模型虽然是基于行为理论、资源基础理论和智力资本理论构建的，但是其理论体系不完备，内容过分强调个体和组织的能力及智力资本，忽视了个人-组织契合。

已有的个人-组织契合理论能够更好地揭示 HRMS 对组织绩效的作用机制。人力资源管理直接调节着人与组织契合的状况，是促进人与组织契合的中心环节。人与组织契合实质上反映了人与组织相互作用的结果。人与组织的相互作用涉及三个方面：个体特征对组织的影响，组织特征对个体的影响，以及个体、组织和行为的交互作用。个人-组织契合的目的是使人力资源得到充分的发挥和有效配置，个体特征与组织特征更加一致或互补，促进员工个体的成长和组织的发展，最终提高组织的绩效，以实现组织的发展目标和战略。

组织绩效指标多集中于个人绩效指标、产出绩效指标、财务绩效指标和市场绩效指标。例如，Dyer 和 Reeves（1995）提出四种企业绩效类指标：人力资源绩效、运作绩效、财务绩效和资本市场绩效；Kaplan 和 Norton（1996）的平衡记分卡理论将组织绩效评价划分为四个指标：学习与成长、内部业务流程、客户、财务指标。也有学者将组织绩效指标划分为传统的组织绩效指标、人力资源管理绩效指标等。

在对国内外已有相关文献的分析中发现，目前 HRMS 对组织绩效的作用机制研究仍处于初始阶段，现有研究中更多的是关于中介变量的实证分析，关于中介变量作用机理的理论研究还非常少见，二者之间的"黑箱之谜"仍然未能被破解。

将个人-组织契合理论引入 HRMS 对组织绩效的作用机制之中，系统而科学地揭示 HRMS 与组织绩效之间的影响机理和作用方式，不仅对人力资源管理具有战略意义，这有助于组织进一步认清人力资源管理在组织发展过程中的重要作用和地位，重视 HRMS 构建，尤其是根据组织绩效适时调整和优化 HRMS，而且通过对个人-组织动态契合及其中介作用的揭示，证实 HRMS 对个体和组织发展的重要作用，这有助于提高个人与组织的相容程度，营造一种协同、和谐的组织氛围，达成员工个体职业成功与组织绩效目标实现的双赢局面，推进组织健康、可持续发展。

为揭示人力资源管理与组织绩效之间作用机制的“黑箱之谜”，必须以HRMS取代HRMP，从整体上研究HRMS的综合功能；必须改变从微观个体行为、宏观组织能力等单一视角探究HRMS与组织绩效之间的作用机制，以运用个人-组织契合理论代之，探究个人-组织动态契合的作用及其功能。未来的研究需要证实：HRMS与个人-组织契合具有相关性；个人-组织契合与组织绩效具有相关性；HRMS通过个人-组织的动态契合对组织绩效产生作用和影响（图 9.1）。

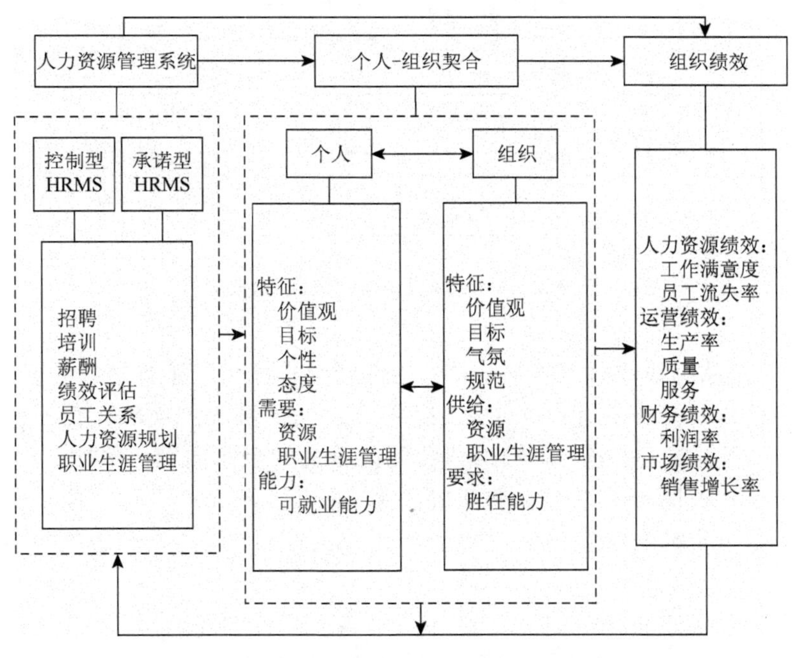

图 9.1　HRMS 对组织绩效的作用机制模型

9.2　个人-组织契合研究的层面：组织和个人

王萍（2007）根据人与组织匹配研究的重要理论分析并构建了人与组织匹配研究的理论模型（图 9.2）。这一理论模型从组织的层面，将人与组织匹配的研究分为四个重要环节：组织与环境的关系，人力资源管理中的人与组织匹配，人与组织匹配的测度、方法和评价，以及组织绩效。

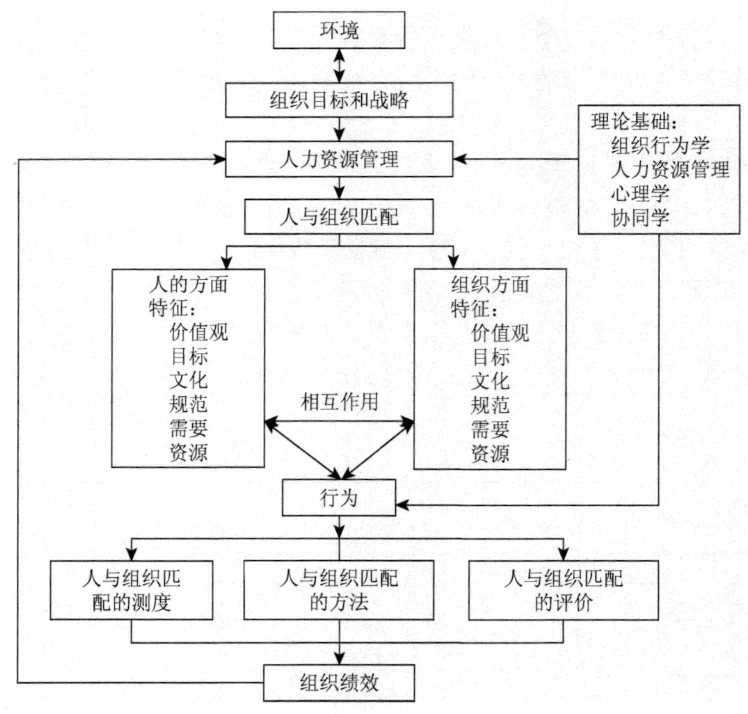

图 9.2　人与组织匹配研究的理论模型

图 9.2 是从组织层面对个人-组织契合理论研究进行了描述，可以说，这一理论模型基本上反映了近年来个人-组织契合理论研究的现状。但不可讳言，这一理论模型并未囊括个人-组织契合理论研究的全部内容。例如，对个人-组织契合的前因变量和结果变量的研究，个人-组织契合对个体的影响研究，尤其是职业成功的影响研究等，也是近年来个人-组织契合理论研究的重要组成部分。

尽管个人-组织契合研究包含了对个人特征、行为等方面的研究，但是从个人层面，站在个人视角研究个人-组织契合的成果十分罕见。其实，个人-组织契合的目标是实现个人职业成功和组织高绩效，达到双赢的效果。在不断变化的现实环境下，站在个人的视角研究个人对组织的要求，应该是个人-组织契合的新视角。忽视个人的价值观、个人的职业发展需求，忽视个人的可就业能力提高、追求生活与工作平衡、自我实现或职业成功等需求，以及忽视个人对组织的期望、要求等必然难以达成个人-组织的有效契合，导致双赢目标难以实现。在未来的研究中，不仅要重视组织层面的研究，还要重视个人层面的研究，更为重要的是要兼顾组织层面和个人层面，站在双重视角研究个人-组织契合，只有这样才能更为客观地体现个人-组织契合的价值和效用。

9.3　个人-组织契合静态与动态结构模型

9.3.1　个人-组织契合的静态模型

结合 Muchinsky 和 Monahan（1987）、Chatman、Kristof 和 Cable 等提出的观念，以及新型职业生涯对个人-组织契合的影响和个人-组织契合未来发展趋势，从静态视角构建个人-组织契合模型，如图 9.3 所示。

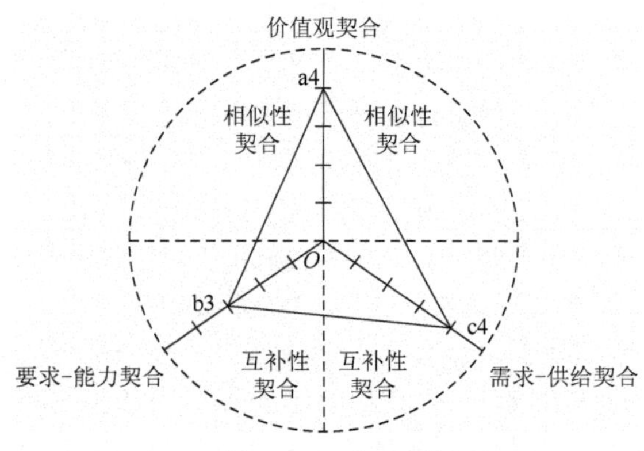

图 9.3　个人-组织契合静态模型

a4 是指个人-组织的价值观契合度为 4（分值为 1～5）；b3 是指个人-组织的要求-能力契合度为 3（分值为 1～5）；c4 是指个人-组织的需求-供给契合度为 4（分值为 1～5）

如图 9.3 所示，将个人和组织作为一个单位或是一个整体，把个人-组织契合分为两大类：相似性契合和互补性契合。相似性契合主要包括价值观契合，可细分为目标、态度、个性等特征；互补性契合主要包括要求-能力契合和需求-供给契合，要求-能力契合可细分为可就业能力，包括适应性、职业认同、社会资本和人力资本等，需求-供给契合可细分为个人-岗位契合、个人-工作契合、个人-组织职业生涯管理契合等。

每一类契合可按照契合程度划分为五级（也可划分为七级或更多层级）。如图 9.3 所示，该组织目前的价值观契合度为四级，要求-能力契合度为三级，需求-供给契合度为四级。由此可见，该组织个人-组织契合度较好，下一步应在继续维持价值观契合度和需求-供给契合度的基础上，重点提高要求-能力契合度，将提高可就业能力作为今后工作的重点。

图 9.3 只是勾画了个人-组织的第一级分类和第二级分类，还可以再细化，勾画出第三级分类，如在相似性契合部分细分出目标契合、态度契合、个性契合等；在互补性契合部分再细分出可就业能力契合、个人-岗位契合、个人-工作契合、个人-组织职业生涯管理契合等。

个体解决问题的方式由个体的价值观决定，因此，这种契合的实质仍然是个人与组织基于价值观的相似性或一致性。要求-能力契合是指员工在努力、承诺、经验、知识和技能等方面适合组织要求的程度（赵慧娟和龙立荣，2008）。Lauver和 Kristof-Brown（2001）在研究中验证了要求-能力契合对员工态度和行为的积极影响。在职业发展初期，员工会不断评估自身能力同组织的契合程度，并根据这种自我评估的结果调整与职业相关的行为（程金林和石金涛，2007）。组织的发展对员工在社会资本、人力资本等方面提出了更高的要求，也要求员工必须不断提高自身可就业能力以适应组织发展的需要，因此，要求-能力契合的重心是提高员工的可就业能力。需求-供给契合是指组织满足个人需求与愿望的程度。个人对组织的需求因人而异，但一般情况下，个人对组织共同的需求是希望组织提供一个满意的工作岗位；提供适宜的薪水以满足生活和发展需要；提供发展的机会与空间，以便于个人职位的提升；提供必要的福利与服务以满足个人精神和心理需求；等等。在新型职业生涯下，由于个人自我主导职业生涯，传统的组织职业生涯管理如何调整策略、发挥其应有的作用，成为组织面临的一个新的课题，所以，个人-组织职业生涯管理成为需求-供给契合的重要内容。

Kristof-Brown 等（2005）发现，不同匹配模式不仅分别与结果变量相关，并且彼此之间还存在交互效应。Lauver 和 Kristof-Brown（2001）研究表明，随着要求-能力契合度的提高，价值观契合对求职者是否接受工作的影响会降低。赵慧娟和龙立荣（2008）研究发现，价值观契合和要求-能力契合存在增强性交互作用，随着员工与组织之间要求-能力契合度的提高，价值观契合对员工离职倾向的负向影响越来越强。郭文臣等（2014）研究发现，个人-组织契合（价值观契合、要求-能力契合、需求-供给契合）对职业成功与组织绩效具有正向影响（郭文臣等，2014）。

9.3.2 个人-组织契合的动态模型

个人-组织契合的过程，是一个循序渐进又变化无常的过程。从一般性规律上看，个人-组织契合的过程应是一个循序渐进的过程，即无论是价值观契合、要求-能力契合，还是需求-供给契合，都是在个人和组织双方的共同努力下逐步达成契合目标，但实际上个人-组织契合的过程又并非是循序渐进的，而是受到多种因素的共同作用和影响。今天好的匹配明天还会是好的匹配依赖于进行匹配的各种变量的稳定性（Muchinsky and Monahan，1987）。

个人的某些特征的变化，如职业目标、价值观、工作态度及技能和能力的改变，可能会引发个人对组织需求的提高；或者组织特征的变化，如组织战略、组织结构、组织文化、组织目标等的调整，将导致个人与组织之间的契合发生变化，个人-组织已经达成的价值观契合会因为组织战略的调整、领导风格的转变等而导致契合度降低。个人-组织契合的过程，如 Schneider 等（1995）构建的 ASA 模型，需要经过吸引、选择、磨合、调整和适应，逐步提高人与组织价值观的相似性，并通过提高员工可就业能力、职业生涯管理能力等提高互补性，将不好的契合逐步转向较好的契合，将较好的契合逐步提高为更好的契合。

Bradley 等（2002）认为员工会针对契合的状况进行自我调整，在进行调整时，不同的员工会表现出不同的行动风格。他们进一步指出这种风格可以通过四个方面的特征来描述：一是敏捷程度，是指员工采取调整行动的反应速度，通常越不能忍受“不契合”就会越快地采取行动进行改善；二是努力程度，不同员工为实现“契合”所付出的努力是不一样的；三是稳定程度，是指自我调整行动的稳定性，如有些员工会持续地为实现“契合”而奋斗，但有些员工的努力具有周期性的；四是持久程度，是指员工的自我调整能持续多长时间。员工在上述四个方面的行为风格是相对稳定的，即员工倾向于采取一种相对稳定的方式同组织进行相互作用。

按照 Super（1953）的职业发展阶段理论，一个人的职业发展主要经历五个阶段：成长期、探索期、创立期、维持期、衰退期。在不同的职业阶段，个人的知识、技能、能力、工作阅历、实践经验、成熟度等有所不同，所以，个人-组织契合度也有所差异。例如，在探索期，组织更看重的是个人的可就业能力，满足个人的工作相关的需求，而此时个人与组织的价值观契合度相对较低，因此，组织需要通过组织社会化等方式推介组织的价值观等组织文化内容，以期望个人-组织在价值观方面能尽早达成一致。

从一个人进入职场到退出职场，主要经历三个阶段：进入职场初期的探索期、确定职业的创立期、退休前的维持期。为此，个人-组织契合动态模型主要聚焦于探索期、创立期和维持期。个人-组织契合的动态模型，如图 9.4 所示。

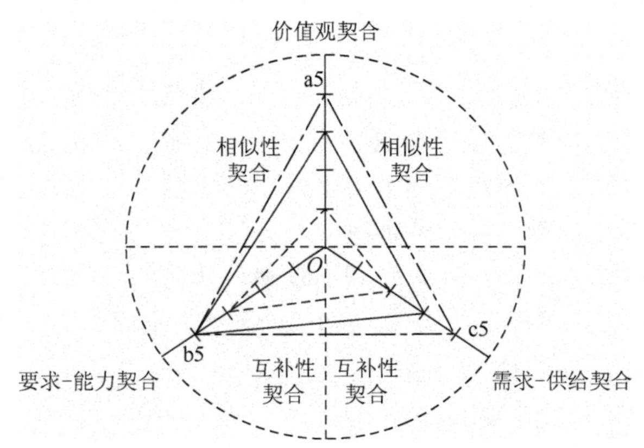

图 9.4　个人-组织契合动态模型

a5 是指个人-组织的价值观契合度为 5（分值为 1～6）；b5 是指个人-组织的要求-能力契合度为 5（分值为 1～6）；c5 是指个人-组织的需求-供给契合度为 5（分值为 1～6）

9.4 个人-组织契合研究的理论视角

个人-组织契合已成为人力资源管理与组织行为领域研究的热点议题。近年来，个人-组织契合研究，主要是基于相关学科理论的支持，如组织行为、人力资源管理、心理学、协同学等理论。

随着组织环境的不确定性、复杂性、变化性，组织的经营管理和绩效提升的难度大大增加，这对个人-组织契合提出了各种挑战。因此，站在一定的理论高度和学术前沿，针对新的管理问题，利用已有理论研究个人-组织契合问题是未来研究的必然选择。

除了上述提及的相关学科理论之外，在未来一段时间，个人-组织契合研究的理论视角主要包括领导-成员交换理论视角、组织支持理论视角、跨文化管理理论视角等。

9.4.1 领导-成员交换理论视角

领导-成员交换（leader-member exchange，LMX）理论是由 Graen 和 Uhl-Bien（1995）提出的，该理论认为领导者对待下属的方式是有差别的；组织成员关系的集合中往往会包括一小部分高质量的交换关系（圈内成员之间）和大部分低质量的交换关系（圈外成员与圈内成员之间）。随着上下级关系问题研究的深入，人们在理论上逐渐认识到，组织情景中的领导过程是领导者和下属之间的一种物质、社会利益和心理交换的动态过程，并且这种交换过程从建立上下级关系开始就已逐步形成与发展。

LMX 理论关系的形成过程是一个随时间纵向发展的过程。Grean 和 Uhl-Bien（1995）总结了 LMX 理论形成与发展的四个阶段：第一阶段是工作的社会化和纵向关系中上下级之间的差异性，形成“圈内”与“圈外”之分；第二阶段是在工作情景中 LMX 关系质量的改进，促进“圈外”成员向“圈内”转化，并建立与结果变量的联系；第三阶段是双方共同构建基于伙伴关系的工作生活远景；第四阶段是 LMX 理论从单纯的二元关系上升至团队水平，形成团队-成员交换（team-member exchange，TMX）关系。

LMX 理论以角色承担和社会交换为基础，是一种异质的垂直二元结构关系。所谓异质是指领导者与处于同一组织的每一个成员之间，都形成各种不同的交换关系。不同的成员与领导交换不同的资源和信息。经过若干次交换或角色谈判，相同的领导与不同的成员之间就形成不同的交换关系。

国内学者刘得格（2013）根据LMX理论的已有研究成果，揭示了LMX的影响因素和形成过程（图9.5）。

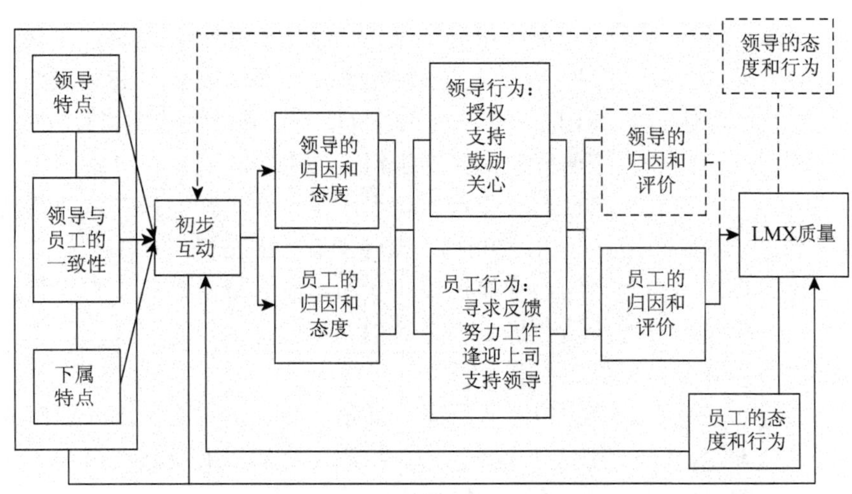

图9.5　LMX的影响因素和形成过程

由图9.5可知，领导与员工的一致性是影响LMX的前因变量，领导与员工的态度和行为等对LMX质量都有直接影响。由此可以推断：LMX对个人-组织契合必将产生一定影响，因此，运用LMX理论研究个人-组织契合的影响因素、形成机制、作用影响等，有助于丰富和完善个人-组织契合理论。

9.4.2　组织支持理论视角

美国社会心理学家Eisenberger等（1986）提出了组织支持理论，这一理论是基于社会交换理论、互惠原则和组织拟人化思想提出的。该理论认为，员工往往通过工作过程中组织对自己工作努力的奖励程度及满足自己社会情感需求程度的感知来判断组织如何评价他们的贡献及组织是否重视他们的幸福。组织支持理论一经提出就受到了广泛关注，它的提出填补了相关理论的空白，克服了以往研究所强调的员工对组织的承诺的局限性，首次提出组织要对员工做出承诺，强调要想真正留住员工并激励他们为组织做出更大贡献，就必须关心和重视员工。在组织不断变革的背景下，组织支持理论对形成良好的员工-组织关系、提高员工的组织绩效具有积极意义。

如前所述，组织支持理论的核心是组织支持感，Eisenberger等（1986）将其定义为员工所感受到的组织重视自己对工作的贡献和关心自己利益的程度。

Mcmillin（1997）通过对顾客和服务人员的研究将这一概念进行了补充，他认为除了包括组织提供给员工的亲密支持和尊重支持以外，组织支持感还应该包括工具性支持，即员工完成工作所需要的咨询、训练、工具和设备等。我国国内学者徐晓锋等（2005）认为，组织支持感应包含员工两方面的感受：一是组织是否重视其贡献；二是组织是否关注其幸福感。凌文辁等（2006）把组织支持感定义为，员工所感知到的组织对他们工作上的支持、对他们价值的认同及对他们利益的关怀。

根据酬报原则，若员工所能感知到的组织支持水平较高，就容易产生一种回报组织的心理，主动提高自己的工作投入、组织承诺和工作绩效，从而帮助组织实现组织目标（Eisenberger et al.，2001）。国外学者 Guzzo 等（1994）从心理契约的角度解释了员工与组织之间的交换过程，认为组织支持感是员工与组织之间的心理契约，如果组织能够为员工提供良好的福利和支持，作为回报，员工则会表现出积极的情绪并有良好的工作表现。

本书通过实证分析，证实组织支持感与反生产行为负相关，未来的研究可以运用组织支持理论，探究组织支持感对个人-组织契合的影响及其对组织其他行为和个人行为、职业发展乃至组织绩效等的影响。

9.4.3 跨文化管理理论视角

跨文化管理就是在跨文化经营中，对不同种族、不同文化类型、不同文化发展阶段的组织所在国的文化采取包容的管理方法，并据此创造出独特组织文化的管理过程。跨文化管理是 20 世纪末在英国、美国等西方国家，为迎合国际商务活动的需要而兴起的一门新的学科，是在研究跨国企业的过程中应运而生的，主要研究和比较不同国家与文化中的组织行为及探讨如何在不同文化里提升管理者的管理绩效。

在经济全球化背景下，跨文化交流活动日益增多，一个组织中的个体可能来自四面八方，尤其是在跨国公司和外资企业中，不同文化背景、不同种族、不同肤色、不同地域的员工在一起工作，跨文化管理成为企业需要面对的现实问题，如何在跨文化背景下达成个人-组织契合，其难度大为增加。

Hofstede（1993）认为文化是一个环境中的人的“共同的心理程序”。他在 1980 年发表了《动机、领导和组织——美国的理论可以在国外应用吗？》，首次提出确定民族文化特征的四个维度，即个人主义与集体主义、权力差距、不确定性的避免、阳刚和阴柔（男性度及女性度）。后来，他又对亚洲部分国家和地区的职员进行了调查，提出了第五个维度，即长期导向型与短期导向型。这五个维度分别表明人们对他人、对权威、对不确定性、对自我、对时间的价值观（Hofstede，1993）。

跨文化管理的中心任务是协调和解决文化冲突，在管理过程中寻找超越文化冲突的组织目标，以维系不同文化背景的员工的共同行为准则。根据人类学家爱德华·郝尔的观点，文化可以分为三个范畴：正式规范、非正式规范和技术规范。正式规范是人的基本价值观，是判断是非的标准，它能抵抗来自外部企图改变它的强制力量。因此，正式规范引起的摩擦往往不易被改变。非正式规范是人们的生活习惯、风俗等，因此，其引起的文化摩擦可以通过较长时间的文化交流来克服。技术规范则可通过人们技术知识的学习而获得，很容易被改变。可见不同规范的文化所造成的文化差异和文化摩擦的程度与类型是不同的。首先，只有识别文化差异，才能采取针对性的措施；其次，要通过跨文化培训，了解各自不同的文化，在此基础上相互理解、相互合作；最后，要想使个人-组织契合，统一价值观是关键，只有建立共同文化价值观，促进文化整合与交融，才能使员工与组织同呼吸、共命运，最终实现双赢的目标。

目前，运用跨文化管理理论研究个人-组织契合的研究成果非常少，Jung 和 Takeuchi（2014）以日本和韩国的企业为例，探究了领导-成员交换、个人-组织契合和工作态度之间的关系作用机制，验证了跨文化的调节作用。

Astakhova 等（2013）以俄罗斯和中国的跨国公司为例，验证了在跨文化背景下个人-组织契合三个维度的适用性，并进一步证实个人-组织契合与组织认同、感知的组织支持、组织公民行为和离职意图相关，也发现了在跨文化背景下，个人-组织契合三个维度在不同国家的组织认同、组织公民行为和离职意图等方面具有差异性。

在未来的研究中基于不同的组织文化，个人和组织的契合研究在跨文化管理研究空间和领域将十分广泛，包括跨文化背景下人的行为、组织行为、组织战略、组织制度等，这些都在动态变化之中，需要做进一步的深入研究。

9.5　个人-组织契合的质性研究

目前，管理领域研究成果，包括个人-组织契合的研究，多采用实证研究等定量研究方法。定量研究通常探究变量之间关系及其作用机制，现有研究有的将个人-组织契合作为自变量，有的将其作为因变量，也有的将其作为中介变量。这些研究证实了个人-组织契合与个人行为、职业发展、可就业能力，以及组织绩效、人力资源管理实践等之间的相关性，产生的积极或消极影响，丰富和发展了个人-组织契合理论、组织行为理论、人力资源管理理论等，其作用不言而喻。但是，由于个人-组织契合涉及个人和组织两个层面、内外诸多影响因素，采用定量研究的研究者“很少能捕捉研究对象的视角，因为他们不得不依赖那些与研究对象更为疏远的、推论性的经验丰富和资料”（Denzin and Lincoln，2000）。相反，质性研究通过细致的访谈和观察，能够更加贴近行动者的视角。

所谓质性研究，就是以研究者本人为研究工具，在自然情境下采用多种资料收集方法对社会现象进行整体性探究，使用归纳法分析资料和形成理论，通过与研究对象互动，对其行为和意义建构，获得解释性理解的一种活动（陈向明，2000）。

案例研究方法是质性研究方法之一。Eisenhardt（1999）认为，构建理论的案例研究方法是利用整体全面的案例，并且时常是长期过程导向的案例研究来创造构念和假设，并对其理论进行阐述。他还认为，管理案例研究的结果时常贴近现实，甚至具有实用价值，可以让管理实践者感同身受。它将传统的演绎量化研究范式与质化研究范式连接起来，起到了学术桥梁的作用。张梦中等（2002）认为，案例研究方法是一种运用历史数据、档案材料、访谈、观察等方法收集数据，并运用可靠技术对一个事件进行分析，从而得出带有普遍性结论的研究方法。欧阳桃花（2004）认为，案例研究正是通过典型案例，详细地描述事物（案例）的现象是什么、分析其为什么，并从中发现或探求事物的一般规律和特殊性，推导出研究结论或新的研究命题的一种研究方法。由此可知，案例研究方法就是以真实典型事件作为案例，经过规范化研究过程，从真实情境中抽象出概念化结论的一种实证研究方法。

案例研究方法在管理理论建设提升方面做出了巨大的贡献，如“作业成本法”“Z 理论”“业务流程再造理论”“五级领导理论”等众多重要的管理理论，都是通过对案例进行规范化研究提炼出来的（Gerring，2006）。可以说，案例研究方法在构建管理理论方面发挥了不可磨灭的作用。

李平等（2012）认为，案例研究方法是一种质性研究方法，已经被证明是构建理论的有效方法。综上所述，管理案例研究的研究价值在于，通过规范的研究、科学的方法探寻案例研究的规律，引导人们通过案例研究构建理论、验证理论或批判理论，从而用以指导组织和个人的管理实践。

除了案例研究方法之外，质性研究方法还包括扎根理论方法、民族志的研究方法等。

Glaser 和 Strauss（1967）提出的扎根理论（grounded theory）是一种质性研究方法，其主要宗旨是从经验资料的基础上建立理论，是一种资料分析整理的方法。扎根理论就是用归纳的方法，对现象加以分析整理进而得出结果。换言之，扎根理论是经由系统化的资料收集与分析，进而发掘、发展，并已暂时地被验证过的理论。发展扎根理论的人不是先有一个理论然后去证实它，而是先有一个待研究的领域，然后自此领域中萌生出概念和理论。扎根理论主张自下而上的研究：从原始资料出发，通过归纳分析逐步产生理论，特别强调从行动者产生理论和建构理论，首要任务是建立实质理论。扎根理论可以拓展和丰富个人-组织契合理论。

民族志（ethnography）的研究方法是最典型的质性研究方法。民族志的研究是在描述一个种族或一个团体中的人的生活方式，并解析其与文化中的人、事、时、地、物各因素之间的交互影响过程。民族志的研究方法是一种经田野工作后写作成的文本形式。根据 Kottak（2008）的归纳，民族志的研究方法有下列十类：观察与参与观察，相处共话、访谈，系谱法，重要文化报道人，生命史，主位观点与客位观点，问题取向的民族志研究，长期研究，团队研究，调查研究。这些方法非常适合于处于环境复杂、行为多样、不同发展阶段的组织如何与人有效契合的研究。要素与要素、要素与系统、系统与环境之间存在相互依存和制约的关系，这种相关性使系统存在着一种因果关系，形成一种因果链。人与组织匹配实质上反映了人和组织要素之间双向的因果关系。

笔者认为，从研究方法上个人-组织契合未来可采用质性研究，其理由有以下几个方面。

（1）质性研究是一种“情境中”的研究。质性研究是在自然情境下，研究者与被研究者直接沟通，实地考察被研究者的日常生活、工作状态和过程，了解被研究者所处的环境及环境对其产生的影响。质性研究注重社会现象的整体性和关系性。个人-组织契合本身就是一个动态契合的过程，只有将个人和组织置于不断变化的动态环境下进行研究和考察，才有可能找到个人-组织契合的本质和核心。

（2）个人-组织是否契合涉及诸多影响因素，需要系统地、统筹地探究各种因素在其中发挥的作用或影响。而质性研究的主要目的就是对被研究者的个人经验和意义建构做出“解释性理解”，从他们的角度理解他们的行为及其意义并对其进行解释。由于有了研究者和被研究者双方互动、交流，能够更加深入地了解、理解个人-组织契合的愿望、各自需求、影响因素、作用与影响等，能够更加全面地、有效地展示个人-组织契合理论。

（3）个人-组织契合涉及个人和组织两个层面，个人层面涉及各类员工，由于员工的性别、个性、受教育程度、入职时间、经验等各不相同，需要找出其共性与个性特征、不同职业发展阶段的需求、不断变化的思想观念等；组织层面涉及领导者和管理者素质、组织战略、组织文化、组织结构、组织效益等一系列影响因素，要对这些影响因素采用量化研究方法不仅费时费力，而且难以实现完全量化。采用质性研究方法，即使用案例研究方法、归纳推理方法等，通过对访谈和收到的资料分析，在此基础上建立分析类别和理论假设，然后通过相关检验充实并系统化。因此，质性研究适用于个人-组织契合这一特定的情境和条件。

9.6　个人-组织契合研究的趋势

个人与组织匹配的研究对组织的人力资源管理具有重要的战略意义。目前，在人力资源管理实践中对人才选拔、招聘、考核、培训等，不仅要考虑个体的能力与岗位要求是否相符合（即人与工作的匹配），更重要的是要运用有效的方法考查个体特征（如个性、价值观、态度、目标等）与组织特征（如组织文化、价值观、目标、规范、组织气氛等）之间的契合程度。所以，个人与组织契合的研究为人力资源管理提供了有利的理论支持，同时凸现了一种新的管理理念和新的发展战略——优化人与组织的契合。

同时，个人与组织契合研究对于提高组织绩效具有重要的实践意义。大量的实证研究表明，个人与组织契合对员工的工作满意度、组织承诺、角色外的行为及留职率会产生积极影响。吸引、选拔和社会化与组织高度匹配的员工不仅可以提高个体的工作绩效，对组织的长期结果也会产生独特的影响，而且会促进个体的价值观、目标、态度、个性等特征与组织的价值观、目标、规范的一致性，提高个人与组织的契合程度，营造一种协同、和谐的组织氛围，推进组织健康、持续发展。所以，个人与组织契合的研究对提高组织绩效及构建和谐组织具有重要的实践意义（刘桢和陈春花，2011）。

因此，在新的形势下，个人-组织契合研究价值不言而喻。基于组织面临的经济环境、竞争压力及新型职业生涯等影响，未来个人-组织契合研究将围绕以下几个方面展开。

9.6.1 个人-组织契合本质和核心问题研究

目前，对于个人-组织契合的研究，主要基于个人-组织契合的概念、内涵、特征及前因变量、结果变量等，也有的将个人-组织契合作为权变变量开展研究。但对于个人-组织契合的本质（包括个人-组织有效契合的标准、个人-组织有效契合的关键要素等）问题的研究仍然缺乏，尤其是缺乏充分的论证，如个人-组织契合度及契合度高低的衡量标准。

此外，在对个人-组织契合进行研究时，时常让人感到困惑的问题很多，如个人-组织契合是个人的某一个方面与组织契合，还是几个或全部方面与组织契合？是一段时间与组织契合，还是整个职业生涯都要与组织契合？是个人一味地服从组织，满足组织需要，还是组织一味地服从个人，满足个人需要？个人与组织为什么要契合？不契合不行吗？契合和不契合的影响分别有哪些？影响个人-组织契合的是单一因素还是混合因素？个人与组织在哪些方面需要契合且能够契合、哪些方面需要契合但不能契合、哪些方面不需要契合？个人与组织何时容易契合？个人与组织已经契合后是否还会发生改变？怎样去维系个人-组织契合状态？此类的问题还有很多，需要进一步研究求证、释惑解疑。

此外，个人-组织契合的测量工具开发及个人-组织契合的类型、内容、结构等仍需要进一步深入研究。

9.6.2　人力资源管理实践、个人-组织契合与组织绩效关系研究

尽管这是一个恒久的命题，但却是一个有价值的研究课题。目前，在个人-组织契合与组织绩效的研究方面，国内外的研究多集中于个人-组织契合与各种情景绩效的关系及个人-组织契合的某一单一维度与组织绩效的关系，自变量（个人-组织契合或某一维度）与因变量（组织绩效或某一方面的绩效）之间的正相关关系也被反复证明。未来需要进一步探究二者之间的作用机制，包括内部和外部各种影响因素等。

Patel 等（2013）的研究结果表明，高绩效工作系统能够形成企业高绩效所必需的双元性，特别是当企业重视那些用于选择训练、补偿和奖励员工的制度时，那么就很有可能促进组织效率和创新的增长。

组织双元性是指组织在有效地利用目前市场机会的同时，可以创造地和创新地满足未来市场的挑战。虽然高性能工作系统的概念在文献中一直未被明确给出，但是它通常被用来（垂直或者水平）描述同时作用于员工的能力和动机的就业实践（雇佣制度），这些雇佣模型以吸引、保留和激励人力资源为首要目标。Kang 和 Snell（2009）认为，背景双元性以整体组织的双元性为假设，是源于个人具体的行为，因而不可避免地与企业人力资源管理的成效紧密相关；Gibson 和 Birkinshaw（2004）认为，组织要营造适当的情景，鼓励个性在一致性和适应性这两种相互冲突的需要之间自主地分配时间。

组织双元性的实质就是组织追求行为的双元性，推行一些可以灵活地开发人力资源的制度，以便于这些人力资源有目标和动机来努力完成、利用好人力资源开发有关的活动或任务。虽然双元性的提升是其人力资源自身的优化，但是也很有可能依赖人力资源实践系统的支持。

一致性是指培养一种观念的能力，即如何在短时间内创造价值，以及如何通过协调和改进活动来传递价值。Gibson 和 Birkinshaw（2004）认为，一致性是由组织内纪律的延伸性形成的。延伸性是指一种组织背景，处在该背景中的员工自愿而且积极地将他们自身的标准和期望提高到更高的水平。延伸性表现为员工目标是否超过原有的绩效目标，人力资源系统应营造一种组织情景，鼓励员工达到更高的目标，当这种目标与一个人适当的激励体制相结合时，可能产生一个强有力的驱动力，员工因为超额完成目标而得到物质奖励时，他们很有可能感受到延伸性的积极作用，并且认为它对建立双元性组织是必要的。然而，关于激励和绩效之间关系的研究显示出了混合的结果。分析结果表明，当激励与其他组织制度适当地结合时，激励可以使员工达到既定的目标，因而当激励被适当运用时，对于形成一个具有延伸性的组织情景起着至关重要的作用。组织的人力资源系统在这种情景元素的形成中起着十分重要的作用。

国内学者邵芳和樊耘（2011）提出了组织与员工匹配模式下的人力资源管理实践的制定原则，见表 9.1。

表 9.1 组织与员工匹配模式下的人力资源管理实践的制定原则

匹配模式			组织与员工匹配			
			A. 需求与供给匹配	B. 资源的增补性匹配	C. 工作要求与能力匹配	D. 目标的一致性匹配
企业人力资源管理政策原则	选拔与雇佣	范围	内部选择、外部招聘皆可	内部选择为主	外部招聘为主	内部选择、外部招聘皆可
		标准	因岗设人	企业行政空缺职位的招聘	弱化任职资格或者资历，强调内在发展潜质	适才适岗
		类型	忠诚性较高、适应危机管理的人员	大量行政事务人员	企业稀缺的多样化人员	与组织有共同愿景和价值观的战略型人员
	薪酬与福利	水平	可与行业报酬水平持平，其中外在报酬为主	略高于行业报酬水平，其中外在报酬为主	制订富有竞争性的薪酬计划，其中内在报酬、外在报酬及非财务报酬并重	更加注重内在报酬，同时兼顾外在报酬
		比例	中等基本工资、低资金、低福利的策略	中等基本工资、直线型资金、中等福利的策略	中等基本工资、高资金、高福利的策略	高基本工资、高资金、中等福利的策略
		设计	阶梯形薪资体系，以横向不同级别为主	薪资体系较为稳定	阶梯形薪资体系，既有纵向不同级别也有横向不同等级	阶梯形薪资体系，以纵向不同级别为主
	绩效评估	侧重	注重工作行为	注重工作行为和工作结果	注重工作结果和员工特征	注重工作结果和员工特征
		方式	强调工作周期考评	强调日常考评	员工过去、现在、未来的表现并重	强调对企业战略、变革的完成、贯彻情况
		重点	达成工作目标情况	日常运转和低错误率	宽泛的工作内容	企业目标的完成情况
	培训与职业发展	内容	内部技能培训与公司文化培训	内部技能培训	内部文化的培训，提供外部技能培训	内部技能培训与文化培训并重
		方式	给予高强度工作内容培训	提供较多培训机会	采用以人为本的培训措施	着重公司战略修养的培训
		目的	支持其能力发展	拓展员工资源与能力	提供个性化培养	培养对变化的感知力
		职业生涯规划	横向专业化不同等别晋升为主，而非进入管理岗位	将员工纳入管理序列、销售序列、技术序列等分类，使得人才得以稳定持续地为企业服务	构建不同的企业内部晋升通道，根据个体特征为员工提供不同的职业发展阶梯，提供宽泛的职业通道	提供较大纵向级别的管理岗位晋升空间，激励对组织管理的积极性

续表

<table>
<tr><td colspan="3" rowspan="2">匹配模式</td><td colspan="4">组织与员工匹配</td></tr>
<tr><td>A. 需求与供给匹配</td><td>B. 资源的增补性匹配</td><td>C. 工作要求与能力匹配</td><td>D. 目标的一致性匹配</td></tr>
<tr><td rowspan="4">企业人力资源管理政策原则</td><td rowspan="4">其他</td><td>参与</td><td>重视员工参与度</td><td>听取员工意见</td><td>沟通企业信息，听取员工决策意见</td><td>强调员工参与战略决策</td></tr>
<tr><td>合作</td><td>强调员工间沟通与合作</td><td>加强员工间合作</td><td>不强求员工间合作的发生</td><td>强调员工间的沟通</td></tr>
<tr><td>激励</td><td>采用目标激励</td><td>激励对员工学习的积极性</td><td>快速晋升及忠诚性激励</td><td>采用较多目标激励</td></tr>
<tr><td>其他问题</td><td>注重工作安全的保障</td><td>创造积极的工作环境与劳动关系</td><td>提供富有挑战性的工作，并注重家庭等外部环境对员工工作的支持</td><td>提供较多关于企业发展的相关工作</td></tr>
</table>

在新型职业生涯下，以高职业安全性和低流动性为主要特征的人力资源管理模式，已经被低职业安全性和高流动性所取代；员工的流动性偏好给人力资源管理提出了严峻的挑战。如何应对这一挑战，成为人力资源管理变革的重要课题。

人才的流动性偏好主要集中在企业的高层、中层管理人员和知识型员工。无论是企业界还是学术界，一个普遍的共识是企业中、高层管理人员的离职会给企业带来巨大的损失。因为高层和中层管理人员是企业管理团队的支柱，他们熟悉企业的战略、了解企业文化、熟知企业的经营管理模式、拥有较为固定的客户群等。一个企业高层管理人员的离职无疑在企业引发一场“地震”，其“震级”取决于高层管理人员离职引发的离职倾向，尤其是中层管理人员和基层员工的离职率及高层管理人员离职后入职的是否是同行业。知识型员工的离职更多是因为企业未能满足员工个体某一个或几个方面的需要，但知识型员工作为企业发展的核心力量或储备人才资源，其离职率高势必会给企业的经营和发展带来一定的冲击。

现有研究表明，高投入型人力资源管理实践不仅可以直接提高员工的能力，而且能够通过塑造员工的组织认同提高员工的组织公民行为。也有研究发现，在新型职业生涯下，组织对员工发展的投入直接增强了员工的可雇佣能力，但也会导致员工离职率增高。

从表面上看，组织对员工发展不投入，员工离职率会增高；投入后提高了员工的可就业能力，也会导致员工离职率增高，那组织何必要投入呢？其实，这期间有一个悖论，组织对员工发展不投入，不仅会产生离职率高的问题，还会产生一系列问题，如组织承诺低、组织公民行为、员工满意度低、组织绩效低等；组织对员工发展的投入提高了员工的可就业能力后产生的员工离职率增加，与跟组织对员工发展不投入导致的离职率增加，二者的基数是完全不同的。组织对员工发展不投入的基数要远远高于组织对员工发展投入，即组织对员工发展不投入的基数会更大，离职率会更高。

从长远来看，组织对员工的培训、发展等采取与员工需求相应的投入是降低离职率、留住人才的正确选择。

新型职业生涯与人力资源管理实践关系的研究，聚焦变化环境下个人与组织的动态契合，需重新审视个人与组织之间的关系及其变化，这不仅有利于个体的职业生涯设计与职业发展，而且为组织的人力资源管理实践变革指明了方向；不仅有助于提高个人与组织的相容程度，而且有助于营造一种和谐的组织氛围，实现员工个体职业成功与组织绩效目标，提高员工的成就感和组织的可持续竞争优势。

9.6.3 个人-组织契合研究范畴的拓展

目前，个人-组织契合研究范畴局限于员工与组织关系范畴，由于组织内部员工的复杂性及组织系统的多元性，未来个人-组织契合研究可以将研究范畴进一步细化，如管理团队与组织契合、不同类型员工与组织的契合、不同需求员工与组织的契合，也可以专门研究在不同所有制企业、不同机关事业单位员工与组织的契合，跨文化背景下个人-组织的契合等。

个人-组织动态契合是未来研究的趋势之一。其具体包括：一是处于不同职业发展阶段的个人与组织的契合；二是处于不同的发展阶段的企业（组织）与个人的契合。

针对个人-组织契合的研究，应不断转换视角，从不同学科、多种理论、多种方法验证个人-组织契合在实践中的效用。例如，从社会学视角研究作为社会人如何与组织契合；从心理学视角研究个人-组织契合；从医学行为科学视角研究个人-组织契合；从宗教学视角研究个人-组织契合；等等。

参 考 文 献

陈向明. 2000. 质的研究方法与社会科学研究[M]. 北京：教育科学出版社.

程德俊，赵曙明. 2006. 高参与工作系统与企业绩效：人力资本专用性和环境动态性的影响[J]. 管理世界，(3)：86-93.

程金林，石金涛. 2007. 人力资源管理实践和企业绩效关系的中介机制研究综述[J]. 管理工程学报，21（2）：47-51.

范秀成，比约克曼 E. 2003. 外商投资企业人力资源管理与绩效关系研究[J]. 管理科学学报，（2）：54-60.

郭文臣，田雨，孙琦. 2014. 个人-组织契合对职业成功和组织绩效的影响：可就业能力的中介作用. 管理学报，11（9）：1333-1339.

黄江明，李亮，王伟. 2011. 案例研究：从好的故事到好的理论——中国企业管理案例与理论构建研究论坛（2010）综述[J]. 管理世界，（2）：118-126.

蒋建武，赵曙明. 2007. 战略人力资源管理与组织绩效关系研究的新框架：理论整合的视角[J]. 管理学报，4（6）：

779-814.

李平，曹仰锋. 2012. 案例研究方法：理论与范例——凯瑟琳艾森哈特论文集[M]. 北京：北京大学出版社.

李平，曹仰锋，徐淑英. 2012. 案例研究方法：理论与范例——凯瑟琳·艾森哈特论文集[J]. 管案例研究与评论，5（5）：405.

凌文辁，杨海军，方俐洛. 2006. 企业员工的组织支持感[J]. 心理学报，38（2）：281-287.

刘得格. 2013. 领导成员交换的研究述评及其展望[J]. 广州大学学报（社会科学版），12（4）：55-61.

刘祯，陈春花. 2011. 个人与组织契合的内涵及研究展望[J]. 管理学报，8（2）：173-178.

穆胜，龙勇. 2010. 人力资源管理实践对组织绩效的作用机制框架模型[J]. 预测，29（1）：35-41.

欧阳桃花. 2004. 试论工商管理学科的案例研究方法[J]. 南开管理评论，7（2）：100-105.

邵芳，樊耘. 2011. 组织与员工匹配模式下的人力资源管理实践[J]. 经济管理，33（6）：69-77.

王萍. 2007. 人与组织匹配的理论与方法的研究[D]. 武汉：武汉理工大学.

邢周凌. 2009. 承诺型人力资源管理系统与组织绩效的关系研究——基于中部六省高校的实证分[J]. 管理评论，21（11）：74-83.

徐国华，杨东涛. 2005. 制造企业的支持性人力资源实践、柔性战略与公司绩效[J]. 管理世界，（5）：111-116，169.

徐晓锋，车宏生，林绚晖，等. 2005. 组织支持理论及其研究[J]. 心理科学，28（1）：130-132.

张梦中，马克，霍哲. 2002. 案例研究方法论[J]. 中国行政管理，（1）：43-46.

张小兵. 2009. 人力资源管理系统与组织绩效关系研究评述与展望[J]. 软科学，23（3）：106-110.

赵慧娟，龙立荣. 2008. 个人-组织匹配与工作满意度[J]. 工业工程与管理，8：113-119.

Arthur J B. 1994. Effects of human resource systems on manufacturing performance and turnover[J]. Academy of Management Journal，37（3）：670-687.

Astakhova M N，Hogue M，Hang H. 2013. The cross-cultural validation of the three-factor model of fit[J]. Academy of Management Annual Meeting Proceedings，（1）：10979-10999.

Bea J，Chen S，Lawler J. 1998. Variations in human resource management in Asian countries：MNC home-country and host-country effects[J]. International Journal of Human Resource Management，9（4）：653-659.

Becker B，Gerhart B. 1996. The impact of human resource management on organizational performance：progress and prospects[J]. Academy of Management Journal，39（4）：779-801.

Becker B E，Huselid M A. 1998. High performance work systems and firm performance：a synthesis of research and managerial applications[J]. Research in Personnel and Human Resources Management，16：53-101.

Bradley J C，Arthur P B，George J M. 2002. More than the big five：personality and career[A]//Feldman D C. Work Careers：A Developmental Approach[C]. San Francisco：Jossey Bass：27-62.

Cappelli P，Newmark D. 2001. Do "high performance" work practices improve establishment level outcomes? [J]. Industrial and Labor Relations Review，54（4）：737-775.

Denzin N K，Lincoln Y S. 2000. Methods of collecting and analyzing empirical materials[J]. Handbook of Qualitative Research，2：632-643.

Dyer L，Reeves T. 1995. HR strategies and firm performance：what do we know and where do we need to go[J]. International Journal of Human Resource Management，6（3）：656-670.

Eisenberger R，Armeli S，Rexwinkel B，et al. 2001. Reciprocation of perceived organizational support[J]. Journal of Applied Psychology，86（1）：42-51.

Eisenberger R，Huntington R，Hutchisom S，et al. 1986. Perceived organizational support[J]. Journal of Applied Psychology，71（2）：500-507.

Eisenhardt K M. 1999. Building theories from case study[J]. Academy of Management Review，14（4）：532-550.

Ferris G R，Arthur M M，Berkson H M，et al. 1998. Toward a social context theory of the human resource management-organization effectiveness relationship[J]. Human Resource Management Review，8：235-267.

Gerring J. 2006. Case Study Research：Principles and Practices[M]. Cambridge：Cambridge University Press.

Gibson C B，Birkinshaw J. 2004. The antecedents，consequences，and mediating role of organizational ambidexterity[J]. Academy of Management Journal，47（2）：209-226.

Glaser B G，Strauss A L. 1967. The Theory of Grounded Theory：Strategies for Qualitative Research[M]. New York：Aldine de Gruyter.

Graen G B，Uhl-Bien M. 1995. Relationship-based approach to leadership：development of leader-member exchange（LMX）theory of leadership over 25 years：applying a multi-level multi-domain perspective[J]. The Leadership Quarterly，6（2）：219-247.

Guzzo R A，Noonan K A，Elron E. 1994. Expatriate managers and the psychological contract[J]. Journal of Applied Psychology，79（4）：617-626.

Hofstede G. 1993. Cultural constraints in management theories[J]. Academy of Management Executive，7（1）：81-95.

Jung Y，Takeuchi N. 2014. Relationships among leader-member exchange，person-organization fit and work attitudes in Japanese and Korean organizations：testing a cross-cultural moderating effect[J]. The International Journal of Human Resource Management，25（1）：23-46.

Kang S C，Snell S A. 2009. Intellectual capital architectures and ambidextrous learning：a framework for human resource management[J]. Journal of Management Studies，46（1）：65-92.

Kaplan R S，Norton D P. 1996. The Balanced Scorecard：Translating Strategy into Action[M]. Cambridge：The President and Fellows of Harvard College.

Kottak C. 2008. Anthropology：Exploring Human Diversity[M]. New York：McGraw Hill Higher Education.

Kristof-Brown A，Barrick M R，Kay Stevens C. 2005. When opposites attract：a multi-sample demonstration of complementary person-team fit on extraversion[J]. Journal of Personality，73（4）：935-958.

Lauver K J，Kristof-Brown A. 2001. Distinguishing between employees'perceptions of person-job and person-organization fit[J]. Journal of Vocational Behavior，59（3）：454-470.

Lee M B，Chee Y. 1996. Bussiness strategy，participative human resource management and organizational performance：the case of South Korea[J]. Asia Pacific Journal of Humance Resources，34：77-94.

Lepak D P，Snell S A. 1998. The human resource architecture：toward a theory of human capital allocation and development[J]. Academy of Management Review，214：31-48.

McMillin R. 1997. Customer Satisfaction and Organizational Support for Service Providers[D]. Gainesville：University of Florida.

Muchinsky P M，Monahan C J. 1987. What is person-environment congruence? Supplementary versus complementary models of fit[J]. Journal of Vocational Behavior，31：268-272.

Paauwe J，Boselie P. 2005. HRM and performance：what next?[J]. Human Resource Management Journal，15（4）：68-83.

Patel P C，Messersmith J G，Lepak D P. 2013. Walking the tightrope：an assessment of the relationship between high-performance work systems and organizational ambidexterity[J]. Academy of Management Journal，56（5）：1420-1442.

Rogers E W，Wright P M. 1998. Measuring organizational performance in strategic human resource management：problems，prospects，and performance information markets[J]. Human Resource Management Review，8（3）：311-331.

Schneider B，Goldstein H W，Smith D B. 1995. The ASA framework：an update[J]. Personnel Psychology，48：747-773.

Super D E. 1953. A theory of vocational development[J]. American Psychologist，8（5）：185.

Walton R E. 1985. From control to commitment in the workplace[J]. Harvard Business Review，63（2）：77-84.

Wright P M，Boswell W P. 2002. Desegregating HRM：a review and synthesis of micro and macro human resource management research[J]. Journal of Management，28（3）：247-276.

Wright P M，Dunford B B，Snell S A. 2001. Human resources and the resource based view of the firm[J]. Journal of Management，27：701-721.